Mark Emme

SELBST IST DER MANN

Mark Emme

Selbst ist der Mann

Das lustvolle Programm

zur Selbstbefriedigung

BRUNO GMÜNDER

2. Auflage

© 2003 Bruno Gmünder Verlag GmbH
Leuschnerdamm 31, 10999 Berlin
info@brunogmuender.com

Titel der Originalausgabe: De la Masturbation
© 1993 Mark Emme

Aus dem Französischen von Thomas Montag

Covergestaltung von Henning Wossidlo unter Verwendung
eines Fotos von Marc Drofmans
Druck: Nørhaven Paperback A/S, Dänemark

ISBN: 3-86187-329-X

Bitte fordern Sie unseren kostenlosen Verlagsprospekt an!

Vorwort

MÖGEN ALLE scheinheiligen Verklemmten sich entsetzt von diesem Machwerk abwenden: Einhundertachtundfünfzig Seiten zur Ehre jenes schändlichen Lasters, das den skandalisierten Jahve dazu brachte, Onan zu bestrafen! Einhundertachtundfünfzig Seiten, die selbst von unschuldigen Jugendlichen gekauft werden könnten! Wann werden solche Bücher endlich verboten – und wo ist die Polizei, wenn man sie braucht?

Alle anderen Leser können sich allerdings freuen: alle, die ein gutes Verhältnis zu ihrem eigenen Körper haben und wissen, dass er ihr sicherster und großzügigster Freund ist, alle, die angesichts der Verlangen ihres Körpers nicht rot werden, sondern die Gelegenheit genüsslich ergreifen!

Die Möglichkeiten, sich selbst besser kennen zu lernen sind schließlich wirklich nicht so zahlreich, dass man sie träge außer Acht lassen sollte. Wir sollten den Altruismus des Autors würdigen, der ein guter Schüler des alten Sokrates gewesen wäre. Wie schade, dass Sokrates, der nicht nur Philosoph, sondern auch Lüstling war, dieses Buch nicht lesen kann. Wie stolz wäre er gewesen, hätte er sehen können, wie wörtlich Mark Emme dessen Kredo »Kenne dich selbst« genommen hat.

Habe ich Altruismus gesagt? Was soll denn die Selbstbefriedigung mit dem freundlichen Gedanken an den anderen zu tun

VORWORT

haben? Mark Emme ist es gelungen, dieses Paradox zu lösen: Zwar
haben ihm seine »Feldforschungen« sichtlich großen Spaß gemacht;
doch mit welcher Geduld und Hartnäckigkeit hat er sich dann hin-
gesetzt, um die von ihm erarbeiteten Prozesse der männlichen
Selbstbefriedigung in allen Einzelheiten niederzuschreiben und zu
erklären. Mit welcher Strenge und wissenschaftlichen Aufopferung
hat er sich hier pädagogisch betätigt!

Mark Emme gibt sich in seinem Buch nämlich nicht damit zufrieden, der Neugier des Lesers ein paar banale Masturbations-Re-
zepte zu liefern – und selbst das wäre schon nicht schlecht, wenn
man an den allgemeinen Analphabetismus denkt, der auf diesem
Gebiet weitgehend herrscht. Er sieht in der Selbstbefriedigung eine
ganze sexuelle Welt für sich, mit fruchtbaren, zu oft ausgebeuteten
Flächen und unerforschten Gebieten, mit monotonen Steppen und
Oasen des Überflusses.. Eine Welt, deren Mittelpunkt der Penis ist,
und deren schönste Schöpfung *Orgasmus* heißt. Eine Welt, die ein
Mann, von der Neugier ebenso getrieben wie vom Spaß an der Lust,
erst dann nicht mehr erforschen wird, wenn ihn seine körperlichen
Kräfte verlassen.

Kein Führer könnte einem die Orientierung in dieser Welt leichter
machen, als Mark Emme. Keine unserer Stärken oder Schwächen ent-
geht ihm: Er weiß, wie der vorschnelle »Strom des Samens« zu unterbinden ist, aber auch, wie ein erschöpfter Penis neue Kraft erlangt. Er
weiß alles über die Sensibilitäten unserer verschiedenen Hautzonen
und er weiß die Freuden des Tastsinns mit den visuellen zu vereinen.
Nicht einmal die Mechanismen unserer Psyche, und ihre Auswirkungen auf unsere Sexualität, sind ihm unbekannt. Er ist, unter uns arm-
seligen Ignoranten, ein Weiser, der uns die Hand reicht und hilft.

Einige Leser könnten fragen, warum dieses ganze Buch sich ausschließlich mit dem Mann und der männlichen Selbstbefriedigung
beschäftigt.

Sicher verdienen es die Frauen ebenso wie wir Männer, einen Zu-
gang zur unschuldigen Lust der Selbstbefriedigung zu erhalten –

VORWORT

aber keiner könnte Mark Emme ernsthaft vorwerfen, dass er nur Mann ist, und nicht etwa ein Hermaphrodit. Vielleicht taucht irgendwann in der Zukunft ja eine Frau auf, die sich mit ebenso viel Geschick wie Mark Emme um die Erforschung der weiblichen Selbstbefriedigung verdient macht.

Trotz solcher Einwände steht es außer Frage, dass dieses Buch bald als Meilenstein gelten wird. Sicher ist auch, dass es das Kopfkissen-Buch zahlreicher Leser werden wird. Also wollen wir den Großen Masturbator loben!

Guillaume Fabert

Einleitung

DIESES WERK teilt sich in drei Kapitel auf:

- das erste behandelt ausschließlich die Erektion an sich;
- das zweite beschäftigt sich mit den verschiedenen Übungen zur Masturbation,
- und das dritte führt schließlich, über verschiedene Übungen und Kontrolltests der eigenen Willensstärke, zur Ejakulation.

Die Übungen dieses Buches sind für *alle* Männer gedacht, egal ob sie jung oder alt sind. Für die meisten werden sie wie eine Offenbarung sein. Die Einteilung in drei Teile macht es dem Leser leichter, den beiden größten Problemen der männlichen Sexualität zu begegnen: den Erektionsschwierigkeiten und der verfrühten Ejakulation.

Um die Übungen dieses Buches auszuprobieren, solltest du nackt sein und viel Zeit und Ruhe mitbringen. Du solltest dich von allen Zwängen, Angstgefühlen oder Vorurteilen frei machen. Alle Übungen wurden »in Echtzeit« geschrieben, also in eben der Zeit, die es braucht, sie durchzuführen. Schon aus diesem Grund garantieren sie für »Echtheit«; sie sind »erlebt« worden. Da sie außerdem meist mit Kommentaren und Beschreibungen zu den gerade verspürten Empfindungen versehen sind, wirst du, wenn es so weit ist, selbst merken, wie authentisch mein Vorgehen hier ist.

EINLEITUNG

Natürlich ist es unzweckmäßig und nicht gerade lustvoll, mit dem Buch in der Hand die von mir beschriebenen Übungen durchzuführen. Am besten ist es, wenn du sie erst einmal komplett durchliest und die darin beschriebenen Handgriffe nachvollziehst und einprägst. Wenn du dich dann mal an irgendeine Vorgehensweise nicht genau erinnerst, kannst du das Buch jederzeit als Anleitung zur Hand nehmen. Letztendlich wirst du aber feststellen, dass Übung den Meister macht und du bald die einzelnen Techniken beherrschen wirst.

Einige Handgriffe oder Bewegungen der Stimulation oder der Selbstbefriedigung werden dir vielleicht ausgefallen oder sogar langweilig vorkommen, während jemand anderes eben diese Bewegungen ganz aufregend findet; so sehr wir uns ähneln, so unterschiedlich sind wir auch! Trotzdem habe ich keinen Zweifel daran, dass dir in der Anwendung eine ganze Reihe dieser Übungen viel Spaß machen werden.

Sie alle sind das Ergebnis einer langen Lehrzeit und zahlloser Erfahrungen. Doch wenn ich mich darauf beschränkt hätte, wäre dieses Buch sicher nie erschienen. Alle Übungen wurden zusätzlich tausende Male in ihrer reellen Wirksamkeit untersucht, so dass ich sicher sein konnte, dass es sich bei ihnen nicht um persönliche Vorlieben, sondern um zu verallgemeinernde Hilfestellungen handelt.

Wenn du dich bisher ohne Wissen deines Partners masturbiert hast, wäre es jetzt aber gut, dass du ihn informierst. Nur so kannst du dich von jedem noch so unterschwelligen Schuldgefühl befreien. Erst, wenn du dich wirklich innerlich frei gemacht hast, kannst du dich aufmachen, dir jener Sinnlichkeit bewusst zu werden, die dir bisher vielleicht entgangen ist. Später wird es dir leicht fallen, dein Wissen weiterzugeben.

Nachdem du alle Übungen ausprobiert hast, wirst du feststellen, dass dieses Buch dir eine ganz neue Sexualität eröffnet hat. Eine Sexualität, die – im Zeitalter von Aids – den Vorteil hat, vollkommen ungefährlich und *safe* zu sein!

1

Wie überwinde ich
Erektionsschwierigkeiten?

WIE ÜBERWINDE ICH EREKTIONSSCHWIERIGKEITEN?

VIELEN MÄNNERN fehlt einfach jegliche Fantasie. Sie onanieren nach immergleichen Regeln, ohne je etwas auszuprobieren, ohne jede Improvisation.

Meistens verhalten sie sich nur deshalb so, weil sie Angst haben: Spätestens wenn sie vierzig sind, oft auch schon viel früher, machen viele Männer sich um ihre Erektion fast krankhafte Sorgen. Wenn sie eine haben, zählt nur eins: so schnell wie möglich fertig zu werden – wobei sie immer bedauern, dass sie sich nicht länger zurückhalten können. Weil sie um jeden Preis zu einem erfolgreichen „Abschluss« kommen wollen, betrügen sie sich selbst um die besten Momente, um das Eigentliche. Schon deshalb ist für diese Übungen der direkten Stimulation die größte Entspannung nötig.

Bevor du anfängst, musst du dir klar machen, dass es sich um ein Spiel handelt. Die Selbstbefriedigung kann dann sehr angenehm werden, wenn man verstanden hat, dass sie nicht zielgerichtet und nur zum Vergnügen da ist – und auch keine Pflichtkür darstellt. Auch wenn du mit dem Ergebnis nicht zufrieden sein solltest, ist das nicht weiter wichtig: Dann bist du eben momentan nicht in der besten Verfassung, dich wirklich darauf einzulassen. Oder du schaffst es nicht, dich von gesellschaftlichen oder anerzogenen Zwängen frei zu machen – oder du denkst vielleicht ganz einfach, dass das alles hier völlig idiotisch und es nicht deine Sache ist, dich selbst zu liebkosen.

Sollte Letzteres zutreffen, dann hast du einen völlig falschen Stolz: Wovor du nämlich am meisten Angst hast, ist, dich vor dir selbst lächerlich zu machen.

Vielleicht glaubst du, dass so ein Verhalten nur für Heranwachsende angemessen ist, die nach neuen Empfindungen lechzen. Mach dir erst einmal klar, wie unbedarft du bist, oder finde viel-

17

WIE ÜBERWINDE ICH EREKTIONSSCHWIERIGKEITEN?

leicht besser zu deiner Kinderseele zurück. Dann dürfte alles viel einfacher sein...

Außerdem musst du dir klar machen, dass all diese Übungen nicht die Ausgeburt eines kranken Geistes sind. Dass sie, im Gegenteil, schon Prüfungen standgehalten haben und – auch wenn du skeptisch bist – tatsächlich funktionieren! Um dein Misstrauen aber wirklich zu überwinden, ist es unverzichtbar, dass du, während deiner „Lehrzeit" alleine bist.

Nach und nach wirst du erfahren, was für ein Vergnügen es bereitet, sich selbst gründlich zu stimulieren, anstatt einfach von einer Erektion zu profitieren, die – angesichts eines Videos oder eines Pornoheftes – aus einer optischen Erregung resultiert. Dir wird sich eine Welt ganz neuer, unerwarteter Erfahrungen eröffnen.

Zu viele Männer gehen immer noch davon aus, dass eine Erektion ein rein automatisches Phänomen ist. So bearbeiten die Männer einen Penis, der nicht stehen will, oft völlig verkrampft und ohne jedes Feingefühl. Sicherlich kommt es vor, dass allein die Anwesenheit eines bestimmten Menschen schon zur Erektion führt, auch wenn die Zärtlichkeiten eher ungeschickt sein sollten. Oft ist gut gemeinten Anstrengungen aber auch keinerlei Erfolg vergönnt. Ein hübsches Gesicht, ein aufregender Körper können nicht immer die völlige Unwissenheit über die verschiedenen Stimulationspunkte des männlichen Geschlechts ausgleichen. Manchmal vollbringt dann jemand Wunder, der vielleicht weniger aufregend aussieht, sich dafür aber besser auskennt...

Nichts kann hier die Technik ersetzen: Die Lust wird immer größer, umso besser man sich auskennt.

Ein letzter Rat, bevor du mit den ersten Übungen beginnst: Achte aufmerksam auf die geringsten Empfindungen, die deine Hand und dein Schwanz dir vermitteln. Es kann vorkommen, dass eine bestimmte Stimulation für die rechte Hand perfekt ist, während die linke kein so gutes Ergebnis erzielt. Andererseits kann es aber auch sein, dass es günstiger ist, eine Bewegung, die weniger für die linke Hand gemacht zu sein scheint, mit eben dieser weiterzuführen,

WIE ÜBERWINDE ICH EREKTIONSSCHWIERIGKEITEN?

wenn die rechte die Bewegung schon längere Zeit ausgeführt hat. So kannst du die Erregung noch ein bisschen verlängern, indem du sie erst einmal etwas verminderst. Es kann auch passieren, dass eine Übung dir nicht mit der Hand gefällt, die ich hier angebe. Zögere nicht, es mit der anderen Hand zu versuchen. Vielleicht erreichst du auf diese Weise das Resultat, das ich beschreibe. Linkshänder machen natürlich die für sie nötigen Abstraktionen, das heißt, sie benutzen die linke Hand, wenn ich die rechte angebe – und umgekehrt.

In meinen Übungen ist immer wieder die Rede von der Vorhaut. Es versteht sich von selbst, dass diese nur einbezogen werden kann, wenn du nicht beschnitten bist.

Zu guter Letzt ist es möglich, dass es irgendwo in meinen Beschreibungen Einzelheiten gibt, die bei dir nicht hundertprozentig zutreffen. Mit etwas Fantasie und einer nur ganz geringfügigen Variation dessen, was ich beschreibe, kannst du vielleicht die ganze Harmonie wecken, die in dir schlummerte.

WIE ÜBERWINDE ICH EREKTIONSSCHWIERIGKEITEN?

1. Übung

SETZE DICH auf den Rand deines Stuhls, ganz aufrecht, die Schenkel weit gespreizt. Deine Hoden und dein Schwanz hängen völlig locker herunter. Sieh sie dir an. Sofern du unbeschnitten bist, ist es dabei unwichtig, ob die Vorhaut zurückgezogen ist oder nicht. Die Erregung wird nämlich zuerst am Schaft aufgebaut. Selbst wenn die Vorhaut anfangs zurückgezogen sein sollte, wird sie die Eichel später ganz automatisch bedecken.

Lege beide Hände mit ausgestreckten, aneinander gelegten Finger links und rechts der Schwanzwurzel, so nah wie möglich an die Sackaufhängung, und richte den Schwanz in die Vertikale auf, so dass deine geschlossenen Finger eine Art Stütze für ihn bilden.

Dann gehst du wie folgt vor:

Indem du deine linke Hand nach oben bewegst, wird der noch völlig schlaffen Penis automatisch gegen den Hohlraum gedrückt, den die Finger der rechten Hand bilden. Dann kehrst du mit der linken Hand an den Ausgangspunkt zurück. Jetzt führst du eben diese Bewegung mit der rechten und mit der linken Hand aus.

Diese Bewegungen müssen anfangs langsam ausgeführt werden, etwa zwei pro Sekunde, dabei aber ziemlich straff. Die Finger sollten also an der Längsseite vom Penis ziemlich schnell hinauf- und hinabgleiten – ganz gleichmäßig. Mach zwischen den Bewegungen keine Pause. Nur die Fingerspitzen dürfen sich berühren. Achte darauf, dass die Zeigefinger den Schwanz stützen, denn da er noch schlaff ist, würde er sonst unweigerlich zwischen deine Schenkel fallen.

WIE ÜBERWINDE ICH EREKTIONSSCHWIERIGKEITEN?

Diese Handgriffe führst du etwa eine Minute lang aus (also circa 120-mal hin und zurück). Dabei siehst du dir immer zu bei dem, was du gerade tust. Die Beine bleiben dabei weit gespreizt.

Während dieser Vorbereitung solltest du eine leichte Verhärtung spüren, vor allem, wenn du den Bauch deutlich vorschiebst. Jetzt ist es Zeit, schneller zu werden, und zwar nicht nach und nach, sondern unvermittelt. Auf der Innenseite deiner Schenkel wirst du nun eine Art Kribbeln spüren. Der Schwanz wird nun nicht mehr nur von den Fingerspitzen hin- und hergeworfen, sondern von den ersten beiden Fingergliedern. Jedes Mal musst du dabei ein deutliches Klatschen hören. Zieh deinen Bauch ein. Durch die Beschleunigung und das entschiedene, feste Reiben wird dein Glied länger. Spreize jetzt die Schenkel, halte den Atem an; deine Hoden wandern nach oben. Und nun werde immer noch schneller – bis zur Erektion ist es nicht mehr weit!

WIE ÜBERWINDE ICH EREKTIONSSCHWIERIGKEITEN?

2. Übung

NIMM JETZT eine einigermaßen entspannte Sitzposition auf einem bequemen Sessel ein, bei der du mit dem Hintern etwa auf der Mitte der Sitzfläche sitzt, die Arme ganz entspannt hälst und die Hände auf den Schenkeln ruhen. Du lässt den Kopf ganz entspannt nach hinten fallen. Die Augen bleiben geschlossen. Noch einmal: Es ist absolut notwendig, dass du für all diese Übungen völlig entspannt bist. Die Vorbereitungen zu sexueller Aktivität können nur in vollkommener körperlicher und geistiger Entspannung wirklich erregend sein. Wenn du ermüdet oder angestrengt bist, solltest du die Übungen besser auf später verschieben. Sind dein Geist und dein Körper nicht harmonisch miteinander verbunden, kannst du deine eigenen Empfindungen nicht mit der notwendigen Sensibilität wahrnehmen. Schlimmer noch: Durch deine Nervosität manövrierst du dich in eine Verkrampfung, die es dir nicht mal im Fall einer Erregung erlaubt, deine Spannungen abzubauen.

Atme immer langsam und tief durch, denn nur wenn du die Gleichmäßigkeit deines Herzrhythmus und dein Ruhigwerden spürst, kannst du eine Stimulierung vornehmen.

Spätestens jetzt solltest du deine Hose ganz ausziehen.

Während deine Hände auf den halb gespreizten Schenkel ruhen, legst du deine Daumen aneinander, etwa einen Zentimeter unterhalb deiner Eichel, auf der Oberseite des Schwanzes. Die Zeigefinger legst du gegen die Unterseite des Schwanzes, auf dieselbe Höhe wie die Daumen.

WIE ÜBERWINDE ICH EREKTIONSSCHWIERIGKEITEN?

Du fängst nun an, deine Eichel zu massieren, indem du deine Zeigefinger nach unten und deine Daumen nach oben schiebst – so als würdest du eine Uhr aufziehen. Dadurch wird unweigerlich die Vorhaut über den Rand der Eichel bewegt. Dann folgt die Gegenbewegung in die andere Richtung, immer ganz regelmäßig und mit wenig Druck. Die hier eingesetzten vier Finger dürfen dabei ihre Position nicht verändern. Die anderen Finger sollten einfach in den Handflächen ruhen.

Nach etwa 30 bis 60 solcher Hin- und Herbewegungen wirst du spüren, wie dein Penis deutlich anschwillt. Die Daumen werden nun angespannt und schieben so immer weniger von der Vorhaut über die Eichel.

Du setzt jetzt diese Bewegung fort, indem deine Finger stärkeren Druck ausüben. Dadurch wird der Reiz immer größer. Jetzt musst du deine Zeigefinger stoßweise weiter nach unten ziehen. Die Bewegung sollte immer ruckartiger werden, dabei deutlich nach unten ausgerichtet sein, denn die Zeigefinger tun nun die meiste Arbeit, während die Daumen nur die Gegenbewegung ausführen. Zieh deinen Schwanz dabei allerdings nicht nach unten. Im Gegenteil: halte ihn so, als wolltest du ihn in deinem eigenen Unterleib drücken.

Von da an wirst du feststellen, dass seine Größe sich schon deutlich verändert hat. Schließe nun die Schenkel, drücke sie aneinander, ohne dich um deine Hoden zu kümmern, die halb eingeschlossen sein werden, und lass die Bewegung der Finger immer noch fester, härter und ruckartiger werden.

In diesem Moment solltest du dich selbst beobachten. Dadurch nimmt die Erregung noch zu. Presse deine Knie nun ganz fest aneinander, spanne deinen Bauch und deine Pomuskeln an; deine Eichel ist schon ganz dunkel, dein Penis erreicht seine volle Größe. Behalte die Geschwindigkeit bei, drücke die Daumen fester an, die nun gegen den Rand der Eichel stoßen, strecke deine immer noch zusammengepressten Beine aus und kreuze die Füße übereinander. Du wirst sehen: Was für eine Erektion!

WIE ÜBERWINDE ICH EREKTIONSSCHWIERIGKEITEN?

3. Übung

DAMIT EINE STIMULIERUNG wirken kann, muss sie natürlich eine bestimmte Zeitlang ausgeführt werden. Du solltest es vermeiden, zu schnell von einer Stimulation zur anderen zu wechseln, noch bevor du die vorhergehende Erregung bis an ihre Grenze ausgekostet hast, zu schnell zu einer anderen überzuwechseln. Oft überwindet man eine Schwierigkeit besser über einen Umweg! Wenn es denn unumgänglich ist, deinen Penis direkt zu stimulieren, damit er eine Erektion erreicht, dann ist es noch lange nicht der direkte Weg der effektivste.

Hier eine weitere Übung, die schnell zu einer Erektion führt, und die den Vorteil hat, dass die Hand hier bald in der Position ist, die sie normalerweise auch bei der „klassischen« Masturbation einnimmt. Diese Übung kann sowohl im Sitzen als auch im Stehen durchgeführt werden und ist vor allem für besonders „apathische« Schwänze und kleine Hoden geeignet. Wenn du lieber sitzen bleibst, musst du dich allerdings ganz auf den Rand deines Sessels setzen, damit du die Übung perfekt durchführen kannst.

Vergiss nicht, dich vom Kopf her vollkommen zu entspannen! Setze dich ganz aufrecht hin und spreize deine Beine so weit wie möglich. Während zwei Drittel dieser Übung solltest du deine Augen geschlossen halten, um deine Erregung im Zaum zu halten.

Wenn du unbeschnitten bist, schiebe die Vorhaut zurück. Die Handfläche der rechten Hand liegt auf der Innenseite deines Schenkels. Nun legst du Daumen und Zeigefinger dieser Hand dei-

24

WIE ÜBERWINDE ICH EREKTIONSSCHWIERIGKEITEN?

nen Schwanz unmittelbar vor der Eichel. Die anderen Finger der Hand sind ausgestreckt. Daumen und Zeigefinger der linken Hand legst du links und rechts der Schwanzbasis an. Dabei sollte der linke Daumen auf der rechten Seite des Schwanzes liegen.

Mit diesen beiden Fingern übst du nun gleichbleibenden Druck auf den Penis aus und ziehst ihn gleichzeitig nach unten. Dein Glied sollte nicht aufrecht stehen, sondern parallel zu deinen Schenkeln bleiben.

Sobald du diese Stellung eingenommen hast, fängst du an mit deiner rechten Hand – aus dem Handgelenk heraus – sehr schnelle Schüttelbewegungen von oben nach unten auszuführen, wobei dein Unterarm ganz unbewegt bleiben sollte. Je schneller die Bewegung der zwei kaum zusammengedrückten Finger an der Eichel ist, desto deutlicher wirst du den Reiz spüren.

Dein Schwanz wird länger und verhärtet sich sehr schnell. Gleichzeitig solltest du den Druck der Finger an der Schwanzwurzel noch verstärken und sie immer noch weiter nach unten ziehen. Um diesen Rhythmus jetzt ohne Unterbrechung durchzuhalten und den Penis nicht zwischen Mittel-, Ring- und kleinem Finger entwischen zu lassen, drückst du diese gegen die Handinnenfläche. Jetzt ist die Erektion fast erreicht.

WIE ÜBERWINDE ICH EREKTIONSSCHWIERIGKEITEN?

4. Übung

ES IST FÜR VIELE MÄNNER offenkundig leichter, im Stehen einen Ständer zu bekommen.

Stelle dich also hin, nackt, fest auf beiden Beinen stehend, die Füße etwa 30 cm auseinander. Schau dir deinen Schwanz an. Du musst dir angewöhnen, trotz aller Erregtheit bei diesem Anblick einen kühlen Kopf zu bewahren. Nur dadurch können deine Muskeln entspannt bleiben. Anfangs ist das sicher nicht einfach, doch nach und nach wirst du dich so weit beherrschen können.

Ziehe jetzt die Vorhaut von deiner Eichel zurück und prüfe mit der Hand, ob auch dein Hintern wirklich entspannt ist.

Setze drei Finger deiner rechten Hand an deinen Penis: den Mittelfinger an die Unterseite der Eichel, den von den andern Fingern abgespreizten Zeigefinger kurz vor die Schwanzspitze und den Daumen an die Mitte und Oberseite deines Gliedes, ohne ihn wirklich aufzulegen. Deine linke Hand liegt locker auf deiner linken Arschbacke, um zu prüfen, dass du wirklich ganz entspannt bleibst.

Schüttle deinen Penis langsam und nicht zu fest von oben nach unten, nur mit Hilfe der zwei freibleibenden Finger der rechten Hand. Durch diese recht sanfte Bewegung schlägt die Oberseite des Schwanzes leicht gegen den Daumen. Nach etwa 50 »Schlägen« spürst du, wie dein Penis steif wird. Dabei merkst du auch, dass deine Pobacken und Schenkel sich anspannen. Entspanne dich, und denke nicht daran, dass du zum Abspritzen kommen willst! Hier

WIE ÜBERWINDE ICH EREKTIONSSCHWIERIGKEITEN?

geht es erst einmal darum, eine angenehme Stimulierung durchzuführen.

Wenn du jetzt siehst, dass dein Glied härter wird, kannst du es stärker schütteln, ohne dabei den Daumen anzulegen. Ab jetzt wird die Eichel gegen die Spitze deines Zeigefingers pochen. Nach einigen Sekunden wird dieses Pochen einen leichten Schmerz verursachen. Das ist ein gutes Zeichen: Der Schmerz wird nachlassen und wenn du, mit entspanntem Hintern, so weitermachst, wird dein Schwanz bald stehen.

5. Übung

EINIGE DER ÜBUNGEN sind erregender als andere. Ein paar eignen sich dafür, in kürzester Zeit eine Erektion zu bekommen. Andere sind zwar ebenfalls erregend, verlangen aber mehr Ausdauer. Bei wieder anderen wirst du sogar den Eindruck haben, dass sie nicht besonders förderlich oder dass sie sogar vollkommen abtörnend sind.

Bevor du weißt, was gut ist, musst du erst alles ausprobiert haben – und dies mehr als einmal, denn was an einem Tag schlecht funktioniert, kann am nächsten genau das Richtige sein. Nicht zu unterschätzen ist auch die Genauigkeit, mit der du die hier beschriebenen Handgriffe durchführst. Vielleicht hast du etwas falsch verstanden; dann kann das Resultat natürlich enttäuschend sein. Jedes Detail ist wichtig: ein Finger, der zu weit oben platziert oder der zu einem bestimmten Moment zu stark angedrückt wird, kann das Gegenteil von dem bewirken, was vorgesehen war. Vergiss nie, dass schon die kleinste Veränderung dann das gewünschte Ergebnis bringen kann.

Die Übung, die ich dir hier vorschlage kann im Stehen sehr erregend sein, während sie im Liegen eher enttäuschend ist. Doch Vorsicht: Was ganz einfach klingt, erfordert hier viel Feingefühl und ein bewegliches Handgelenk.

Mit den Fingerspitzen der rechten Hand greifst du von oben deinen völlig schlaffen Schwanz, und zwar direkt unterhalb der Eichel, wobei der Daumen auf der Oberseite des Schwanzes zum Liegen

WIE ÜBERWINDE ICH EREKTIONSSCHWIERIGKEITEN?

kommen soll (das gilt auch, wenn dein Partner diese Stimulierung durchführt).

Du bringst jetzt den Schwanz in die Horizontale und legst Daumen und Zeigefinger der linken Hand links und rechts neben die Schwanzwurzel.

Dein rechtes Handgelenk muss nun ganz locker und entspannt sein und fast einen rechten Winkel mit deinem Unterarm bilden.

Jetzt führst du mit der Rechten eine schnelle, vibrierende Bewegung aus. Hierfür müssen die Fingerspitzen ganz sanft anliegen. Die Erregung entsteht nicht durch den Druck der Finger, sondern durch die kurze Schüttelbewegung. Deine Finger sind hier nur dazu da, deinen Penis in der Horizontale zu halten und die Vibration weiterzuleiten, die direkt aus deinem Handgelenk kommt. Wenn du in der Lage bist, diese immer schnelleren, ganz leichten Vibrationen gleichmäßig fortzuführen, wirst du eine Art Prickeln in der sensiblen Zone rings um deine Eichel spüren.

Halte dabei die beiden Finger an der Basis des Schwanzes fest genug, dass sie die Wurzel ringförmig umschließen und die ganze Haut straff ist.

Alle zwei, drei Sekunden fasst du mit beiden Fingern nach, wobei du unmerklich von vorn nach hinten gleitest. Dein Schwanz wird schon größer. Jetzt musst du die Geschwindigkeit noch verdoppeln, ohne dabei den Druck zu verändern. Dein Glied wird noch größer; Die Vibrationen müssen nun ruckartiger werden. Wenn der Penis sich nun verhärtet, weichen die Finger fast automatisch von ihm. Sie halten ihn nicht mehr, sondern bilden eine Art Hindernis. Du stehst kurz vor der Erektion …

6. Übung

DU NIMMST DEINEN PENIS mit der linken Hand, die vier Finger an der Unterseite an seiner Achse wobei du nur die Fingerkuppen anlegst. Der Daumen ruht, ohne zu drücken, auf der Mitte der Schwanzoberseite.

Jetzt übst du, mit allen fünf Fingern ganz sanften Druck aus: Der Daumen liegt auf dem Schwanz und gleitet dann am Schaft herunter, während an der Unterseite nur der Zeigefinger, der gleich unterhalb der Eichel am Bändchen liegt, einen Gegendruck von unten nach oben ausübt.

Diese leichte Druckbewegung führst du etwa zweimal pro Sekunde aus und bringst deinen Schwanz quasi in einen rechten Winkel.

Nach einigen Sekunden wirst du von neuem eine Erregung spüren. Dein Penis schwillt langsam an. Du behältst den Rhythmus bei, drückst jedoch stärker zu.

Zu diesem Zeitpunkt lässt die Wirkung nicht lange auf sich warten. Jetzt schiebst du deinen Daumen einige Zentimeter weiter nach hinten, etwa zwischen Wurzel und Schwanzmitte. Auch die Position des Zeigefingers wird verändert: Nun liegt seine Mitte auf der Unterseite der Eichel, während sich das erste Fingerglied an die rechte Eichelseite schmiegt. Du führst dieselbe Stimulierung wie eben durch, ohne die Geschwindigkeit zu erhöhen, drückst nur mit dem Daumen immer stärker zu. Du schließt deinen Zeigefinger rings um die Eichel, wodurch dein Schwanz schräg nach oben gedrückt, regelrecht »abgeknickt« wird.

WIE ÜBERWINDE ICH EREKTIONSSCHWIERIGKEITEN?

Während das Glied nun anschwillt, führst du mit Daumen und Zeigefinger immer kürzere, stärkere Stöße aus. Der Schwanz wird härter, so dass dein Zeigefinger nicht mehr an seinem Platz liegen bleiben kann. Du schiebst ihn etwas weiter nach unten, führst mit ihm aber weiterhin dieselbe Bewegung aus, die jetzt kraftvoller wird. Indem er jetzt dort, wo Daumen und Zeigefinger sich gabeln, gegen das Innere deiner Hand schlägt, erfährt dein Penis eine stärkere Stimulation. Während du deine Bewegung immer schneller durchführst und dein Penis immer härter wird, rutschen deine anderen Finger ein bisschen weiter auf die rechte Seite des Schafts und unterstützen die Bewegung des Zeigefingers durch stärkeren Druck.

Unterbrich jegliche Stimulierung, sobald deine Eichel dunkel wird, wobei deine Hand allerdings an ihrem Platz bleibt. Begnüge dich damit, einfach an etwas anderes zu denken. Es dauert etwa eine halbe Minute, bis die beginnende Erektion wieder nachlässt.

Dann setzt du mit deiner Stimulierung erneut ein: Diesmal dauert es nicht mehr so lange, bis sich ein Resultat zeigt. Indem du jetzt dieselben Bewegungen wie eben in etwas größerer Geschwindigkeit weiterführst, wirst du eine perfekte Erektion bekommen.

Willst du allerdings deinen Genuss noch erhöhen, dann wichse weiter, indem du den Rhythmus der Bewegung, die Stärke des Drucks und auch die Art der Berührung variierst. Um dabei nicht in andere Handbewegungen zu verfallen, musst du die Aktivität deines Zeigefingers deutlich verfolgen.

Wenn du ganz konzentriert bist, wirst du dich sehr lange Zeit so stimulieren können.

7. Übung

EREKTIONSSCHWIERIGKEITEN entstehen oft, weil man schon vor dem Wichsen Lustlosigkeit verspürt und nicht entspannt genug ist. Ohne äußere Anreize ist der Körper dann völlig gesättigt, das sexuelle Bedürfnis auf einem Tiefpunkt angelangt. Das sind Zeiten, in denen Sex im Kopf einfach nicht besonders präsent ist. Solche sexuelle Apathie, die oft das Ergebnis vorangegangener sexueller Befriedigung ist, vergeht erst nach einem gewissen Zeitraum, der zum Aufbau neuer Lust nötig ist.

Doch auch in lustlosen Zeiten reagiert das Gehirn auf unfreiwillige Reize. Dabei kann es sich um alle möglichen sexuellen Vorstellungen handeln, die unsere Sinne indirekt stimulieren: Meistens laufen diese Stimulierungen über die Augen, seltener auch über den Geruchssinn. Was das Tastvermögen angeht, das in anderen Situationen die perfekteste Reizquelle sein kann, kann dies in solchen Momenten völlig wirkungslos sein. Dann ist es völlig normal und gerechtfertigt, der Natur ihren Lauf zu lassen. Andererseits ist es keinesfalls unsinnig, absichtlich und durch eine gewollte Stimulierung jenen Zustand der Befriedigung wiedererlangen zu wollen.

Die folgende Übung will nur beweisen, dass dies möglich ist – und zwar in ganz kurzer Zeit. Es genügt hierfür, Gedanken und Tastsinn zusammenarbeiten zu lassen, da jeder für sich wohl nicht genügen würde. Im Zusammenführen von bestimmten Berührungen und konzentrierten Gedanken lässt sich so eine ganz überzeugende Stimulierung erreichen.

WIE ÜBERWINDE ICH EREKTIONSSCHWIERIGKEITEN?

Mit rechtem Daumen und Zeigefinger greifst du deinen noch völlig schlaffen Schwanz direkt an der freigelegten Eichel. Die anderen Finger dürfen ihn nicht berühren. Der Daumen und Zeigefinger der linken Hand umfassen von oben die Schwanzwurzel, wobei der Zeigefinger ganz weit unten platziert sein soll, also schon zwischen deinen Hoden.

Bei dieser Übung solltest du dir nicht zusehen, sondern die Augen geschlossen halten (wie auch bei den meisten Übungen, die im Sitzen gemacht werden. Bei den Übungen im Stehen ist es oft erregender, von Anfang an seine Genitalien anzuschauen).

Erinnere dich nun an den geilsten Orgasmus, den du in letzter Zeit hattest. Konzentriere dich ganz auf jenen Augenblick kurz vor dem Abspritzen.

Die linken Finger müssen fest zudrücken und die Schwanzwurzel eng umschließen. Die rechten Finger sollten ihn dagegen nur leicht berühren. Dieser unterschiedlich stark ausgeübte Druck ist sehr wichtiger!

Nun fängst du mit ganz langsamen und klassischen Wichsbewegung an, lässt die rechte Hand dabei aber immer nur einen Zentimeter hinauf- und hinuntergleiten. Nicht mehr. Die Vorhaut ist ganz zurückgezogen. Der Daumen darf hierbei nicht verrutschen; seine Bewegung soll nur den Rand der Eichel bewegen. Gleichzeitig stößt du ruckartig den linken Daumen und den linken Zeigefinger weiter in die Schwanzbasis.

Die Bewegung der rechten Finger, die den Schwanz nach oben drücken, und den linken Fingern, die ihn nach unten ziehen, muss hierbei völlig synchron sein. Schon nach recht kurzer Zeit wirst du ein angenehmes Gefühl spüren, und das Verlangen haben, wieder zum Orgasmus kommen. Konzentriere dich jetzt ganz darauf, wie es war, als du deinen letzten Orgasmus hattest. Verstärke deine stimulierenden Handbewegungen in ihrem Druck, nicht aber in ihrer Geschwindigkeit. Du brauchst diese in entgegengesetzte Richtungen zielenden Bewegungen nur ein bisschen weiterführen, und du wirst sehen, dass du bald kommst …

8. Übung

HIER EINE ÜBUNG mit einer ganz ungewöhnlichen Stimulierung:

Leg deine Daumen direkt unterhalb der Eichelfurche auf die Oberseite des Schwanzes, die nächsten drei Finger jeder Hand mit sich berührenden Fingerspitzen entlang der Achse an die Unterseite. Die beiden kleinen Finger berühren die Stelle, an der die Schwanzwurzel in den Hodensack übergeht. Jetzt krümme die an der Unterseite liegenden Finger abwechselnd. Durch diese Bewegung entsteht eine Art Kneifen, das von jeder Hand etwa dreimal pro Sekunde ausgeführt werden soll. Dadurch wird die Haut auf dem Penis leicht gezwickt und du spürst den Schwanzkörper unter deinen Fingerspitzen hin- und herrollen.

Im weiteren Verlauf hebst du mit den kleinen Fingern deine Hoden leicht an, die durch diese Bewegung ebenfalls stimuliert werden. Nach etwa zehn Sekunden dieses sehr schnellen Reizes, der aber fast ohne Druck ausgeübt wird, ziehst du deine beiden Daumen einfach ein bis zwei Zentimeter weiter am Schaft hinunter, ohne dabei mit der Bewegung aufzuhören. Jetzt berühren nur noch deine Zeigefinger die Eichel. Abwechselnd krümmst du sie und übst einen stärkeren Druck aus. Das Kneifen wird dadurch verstärkt und die Reaktion der Eichel bleibt nicht aus. Jetzt musst du die Kuppen der Zeigefinger schräger stellen. Durch diese neue Position ziehen sie deine Eichel nach unten; sie wird nun größer, ihr Rand wird roter und berührt das erste Glied der Zeigefinger. Je

WIE ÜBERWINDE ICH EREKTIONSSCHWIERIGKEITEN?

mehr dein Penis nun anschwillt, desto deutlicher verrutschen deine Daumen zur Mitte der Schwanzoberseite und drücken mit zunehmender Erregung immer stärker zu. Da jetzt aber die Erektion einsetzt, wirst du die Daumen nur schwer in der Mitte halten können. Deshalb setzt du sie jetzt wieder an ihre Anfangsposition, gleich hinter der Eichelfurche. Gruppiere jetzt die unteren Finger in Viererpaaren, immer die Kuppen einander gegenüber, entlang des Schwellkörpers. Die Mittelfinger befinden sich direkt unterhalb der Daumen. Immer schneller und vor allem mit stärkerem Druck führst du jetzt dasselbe Kneifen wie eben aus, diesmal aber mit den allen Fingerkuppen.

Damit du deutlich spüren kannst, wie angenehm dieses besondere Gefühl ist, müssen deine Daumen an deiner Vorhaut ruhen, die ihrerseits hinter dem Rand deiner Eichel liegen sollte. Die Daumen bewegen sich dabei seitlich hin und her und scheinen immer entlang der Eichelfurche zu rollen. Indem dann deine Daumen und deine anderen Finger gemeinsam an der Vorhaut ziehen, macht dein Penis eine seitliche Bewegung und die Eichel scheint aus deinen Fingern zu springen. So erreichst du eine angenehme Erektion.

Löse nun alle deine Finger, abgesehen von Daumen und Zeigefingern, die immer noch am selben Fleck bleiben, die Daumen dabei nur etwas flacher. Du kannst dieses Zukneifen weiterführen, dabei den Druck verstärken und schneller werden, solange die Bewegungen immer schön abwechselnd sind. Diese Stimulierung kannst du weiterführen so lange du willst, ohne dass du das Bedürfnis hast, zum Orgasmus zu kommen.

WIE ÜBERWINDE ICH EREKTIONSSCHWIERIGKEITEN?

9. Übung

DA DAS LIEGEN üblicherweise eine Ruhestellung darstellt, ist es ganz normal, dass diese Position am wenigsten erregend wirkt. Wenn hier die Fantasie nachlässt, stellt sich schnell Überdruss ein und macht alle guten Vorsätze zunichte.

Bequemlichkeit macht müde, und nicht einmal die Trägheit – Mutter aller Laster – findet im Liegen die notwendige Anregung für sexuelle Ausschweifungen.

Um Lust und Sinnlichkeit aufzubauen, muss man erst den Umgang damit lernen. Dazu ist es notwendig, sich nackt ins Bett zu legen.

Umfragen haben ergeben, dass entsetzlich viele Menschen mit Pyjamas, Jogginganzügen und ähnlichen Wanderausrüstungen zu Bett gehen. Um mit seinem Körper zu spielen, um sich am Körper eines anderen zu erfreuen, sind Zärtlichkeiten unerlässlich. Und Zärtlichkeiten, wie überhaupt die Sinnlichkeit, brauchen nackte Haut.

Es ist erschreckend, wie wenige Menschen dieses simple Lustgefühl kennen, sich nackt zwischen Laken oder auf die Matratze zu legen, sich auszustrecken, mit dem Hintern auf der Liegefläche hin- und herzureiben, Arme und Beine hin- und hergleiten zu lassen und den Stoff mit den Handflächen zu streicheln, sich zusammenzurollen, sich rekeln, zu schnurren und mit den Fingerspitzen den Stoff zu knittern und ihn in Falten um seinen Schwanz zu drapieren … Der größte Luxus ist hier vielleicht ganz glatte, duftende Satinbettwäsche …

36

WIE ÜBERWINDE ICH EREKTIONSSCHWIERIGKEITEN?

Wenn man sich an den Genuss des Nacktschlafens gewöhnt hat, wird aus dem Nacktsein ein Ritus und mehr als einfach ein außergewöhnlicher, raffinierter Genuss: die Kunst des Tastens und Fühlens, die mit der Wollust einhergeht. Wenn Nacktsein erst einmal so verstanden wird, ist es kein Mittel mehr, sondern ein Zweck.

Diese Übung besteht einfach nur darin, dass jene, denen diese Freuden bisher fremd waren, dies einmal ausprobieren. Wie können sie von sich behaupten, einen sensiblen Tastsinn zu haben, wenn sie nicht einmal in der Lage sind, zwischen ihrem Körper und seiner allernächsten Umgebung eine Harmonie herzustellen?

Das Bett ist auch dazu da, deinen Körper beherrschen zu lernen. Streichle mit dem Stoff deinen ganzen Körper, koste die Berührungen aus. Bald wirst du dich fragen, warum du nicht schon viel früher diese fast ekstatischen Momente ausgekostet hast. Lass deine Hände über deinen Körper gleiten, ziellos, überallhin, streichle dich wieder, ohne jeden anderen Wunsch, als dich ganz dem Nacktsein hinzugeben …

WIE ÜBERWINDE ICH EREKTIONSSCHWIERIGKEITEN?

10. Übung

DIESE ÜBUNG will nicht vorgeben, allgemeingültig zu sein. Vielen wird sie aber die Entdeckung ihres eigenen Körpers ermöglichen. Vielen Männern ist die Vorstellung unangenehm, dass sie neben ihren Geschlechtsteilen noch ganz andere erogene Zonen haben. Sie sind oft der Meinung, dass nur Frauen solche vielfältigen Empfindungen kennen.

Die Nervenenden in der Haut sind aber Männern wie Frauen gemein. Daneben gibt es noch zahllose andere, über den ganzen Körper verteilte erogene Zonen, die natürlich bei jedem anders wahrgenommen werden. Insgesamt hat die Haut die Besonderheit, die breiteste Skala der Empfindungmöglichkeiten bereitzuhalten: von unglaublicher Unempfindlichkeit bis hin zur größten Übersensibilität.

In dieser Übung soll dir also nachdrücklich empfohlen werden, deinen eigenen Körper wirklich kennen zu lernen und deine Sensibilität zu wecken. Es ist durchaus möglich, eine Erektion zu erreichen, ohne das Geschlecht auch nur zu berühren. Es genügt dafür, mit deinen Händen, deinen Fingern deine erogenen Zonen zu streicheln. Lege deinen schlaffen Schwanz auf deinen Unterleib und spreize die Beine leicht, schließ die Augen und entspann dich vollständig.

Jetzt kannst du mit ganz sanften Berührungen deines Unterleibs beginnen. Streichle ihn mit deinen Fingern ganz langsam bis zur Brust hinauf. Deine Fingerkuppen sollten dabei leicht vibrieren

WIE ÜBERWINDE ICH EREKTIONSSCHWIERIGKEITEN?

und deine Haut kaum berühren. Gleite mehrmals auf und ab. Mit ähnlichen Berührungen stimulierst du auch deine Brustwarzen.

Entferne deine Hand und lass sie dann wieder dorthin zurückwandern. Sie werden jetzt hart, eine erste Woge der Lust breitet sich in deinem Oberkörper aus. Du kannst sie jetzt mit den Daumen berühren, sie noch weiter erregen. Befeuchte einen Finger mit Spucke und fahre dann wieder über deinen ganzen Oberkörper, deinen Bauch, deine Schenkel, zur Brust zurück. Reibe deinen Hintern gegen das Laken, spreize die Beine etwas weiter, winkele die Beine an und hebe dein Becken an.

Mit den Fingern wanderst du immer weiter über deinen Körper; die Berührungen sind manchmal ganz leicht, manchmal kräftiger, fester; du kannst auch deine Fingernägel ins Spiel bringen. Immer wieder kehren die Hände aber zu den Brustwarzen zurück, und immer wieder feuchtest du deine Fingerkuppen an.

Dein Schwanz richtet sich jetzt langsam auf. Berühre ihn nicht. Streichle einfach deinen ganzen Unterkörper. Spreize erneut deine Schenkel, zieh sie an den Körper, spanne die Beckenmuskeln an. Jetzt, mit angezogenen Beinen, presst du die Oberschenkel fest zusammen und lässt die Beine wieder herunterrutschen, bis sie gerade ausgestreckt sind. Zwischen deinen Schenkeln sind nun deine Hoden gefangen, die immer weiter nach unten gezogen werden.

Dein Schwanz richtet sich nun auf. Mach weiter, indem du deine Hüften anhebst, den Hintern zusammenpresst, dich hin und herbewegst. Du kannst alle eben genannten Stimulierungen wiederholen. Vergiss dabei aber nicht, die Brustwarzen anzufeuchten und den Hintern schön zusammenzupressen …

WIE ÜBERWINDE ICH EREKTIONSSCHWIERIGKEITEN?

11. Übung

DIESE ÜBUNG wiederholt einige der vorangegangenen Stimulie-
rungsarten, diesmal aber viel präziser, ausgefeilter.

Für jemanden, der sensible Brustwarzen hat, sind diese Reize
schon sehr angenehm. Um sie aber wirklich genießen und sie vor
allem längere Zeit fortsetzen zu können, muss man mit dem Kopf
arbeiten. Auch hier kannst du, ohne zu masturbieren, ohne deine
Hände zu gebrauchen, nicht nur eine erstaunliche Erektion erreichen, du kannst die Erregung sogar bis zum Orgasmus treiben!

Im Gegensatz zur vorigen Übung, bei der die Stimulation zum
großen Teil auf deinen sich hin und herbewegenden Körper zielte,
beschäftigt sich diese Übung während der ganzen Vorbereitung der
Erektion ausschließlich mit zwei Punkten, während der Körper völlig unbewegt bleibt!

Ganz gerade auf dem Bett ausgestreckt, ziehst du deine Hoden
herunter und klemmst sie zwischen deinen Schenkeln ein, die Haut
deines Schwanzes dadurch ganz angespannt und du legst ihn auf
deinen Unterleib. Die Schenkel legst du nebeneinander, ohne sie zu
sehr aneinander zu pressen.

Jetzt bewegst du dich nicht mehr. Schließ die Augen. Konzentriere dich ganz fest. Bald wirst du geile Gefühle verspüren. Dann
stimulierst du deine Brustwarzen, indem du sie zwischen Daumen
und Zeigefinger zwirbelst und kneifst. Hebe nun dein Becken
leicht an und spann die Brustmuskeln, dann drückst du deinen
Hintern fest aufs Bett und hältst den Atem an. Sobald deine Brust-

WIE ÜBERWINDE ICH EREKTIONSSCHWIERIGKEITEN?

warzen sich verhärten, solltest du sie gleich etwas von oben nach unten ziehen. Jetzt feuchtest du sie mit Spucke an und streichst immer mit dem Mittelfinger um die Brustwarze herum. Mit deinen Fingernägeln fährst du über die Brustspitzen. Diese Bewegungen führst du immer abwechselnd aus, damit deine Empfindungen fließend ineinander übergehen. Dann ziehst du deinen Bauch ein und spannst die Pobacken ruckartig an.

Deine Füße berühren sich. Jetzt spannst du die Muskeln deiner Schenkel an. Die Schenkel dürfen dabei nicht verrutschen, du spannst sie nur kräftig an, so dass die Muskeln sich leicht nach oben verschieben. Dann entspannst du die Schenkel, indem du die Knie gegeneinander und deine Pobacken auseinander drückst. Dein Becken wird dadurch noch etwas mehr angehoben, deine Pobacken noch tiefer ins Bett gedrückt.

Diese Bewegungen dürfen kaum zu sehen sein; es sind innere Stimulierungen. In ganz ruhigem, gleichmäßigem Rhythmus wiederholst du sie nun, wobei du dich ganz auf deine Empfindungen konzentrieren solltest.

Dein Schwanz wird größer werden. Du hörst nicht auf, deine Brustwarzen zu stimulieren und fährst auch fort, deinen Schwanz mit Bewegungen des Unterleibs zu erregen, hältst dabei aber die Schenkel ganz fest zusammen. Wenn du jetzt deine Pobacken anspannst, scheinen deine Beine länger zu werden. Sobald du den Hintern entspannst und ihn in das Bett drückst, heben sich deine Knie leicht an. All diese Bewegungen entstehen vor allem durch An- und Entspannung der Beckenmuskeln, ohne dass der Bewegungsradius dabei aber mehr als ein oder zwei Zentimeter übersteigt. Es ist nicht notwendig, sich hier sexuellen Vorstellungen hinzugeben. Die Bewegung, die du durchführst ist wie eine regelmäßige, langsame Wiederholung jener Bewegung des Vor und Zurück beim Ficken.

Während der ganzen Zeit musst du die Erregung der Brustwarzen aufrechterhalten. Mit einer Hand kannst du die Haut deines Hodensackes noch weiter nach unten ziehen.

→

WIE ÜBERWINDE ICH EREKTIONSSCHWIERIGKEITEN?

Strecke nun die Beine ganz aus und spanne die Schenkelmuskulatur an, die du dabei immer aneinander reibst. Dies erhöht noch die Stimulierung des Schwanzes, der immer steifer wird. Vergiss nicht die Brustspitzen, die du ruhig auch mal fester anpacken kannst. Konzentriere dich auch jetzt ganz auf deine Gefühle und halte die Augen geschlossen.

Jetzt kannst du die Beine kreuzen. Dein Schwanz wird dadurch noch praller, und dein Lustgefühl wird hier noch größer. Ab diesem Moment können deine Beckenbewegungen ausgeprägter werden. Wenn du so weitermachst, kannst du schließlich kommen.

WIE ÜBERWINDE ICH EREKTIONSSCHWIERIGKEITEN?

12. Übung

AUCH BEI DIESER ÜBUNG geht es um das Erreichen der Erektion. Diesmal kümmern wir uns aber nur um die Schwanzbasis. Du musst ganz entspannt und dir sicher sein, dass niemand dich stören wird. Es ist ganz wichtig, dass alle Vorbereitungen so getroffen werden, als handele es sich um eine intime kleine Feier. Sorge also für angenehme, sanfte Beleuchtung und für angemessene Musik: Alle Sinne, und nicht nur der Tastsinn, sollen hier beteiligt sein.

Die Erotik braucht eine angenehme Umgebung. Lust kann nur mit Sorgfalt und Zeit erreicht werden; nichts ist lusttötender, als große Eile.

Da macht auch diese Übung keine Ausnahme: Das Anfangsstadium dieser Stimulierung wird dir vielleicht langweilig vorkommen, doch allmählich wirst du erkennen, dass gerade die relative Langsamkeit, mit der das Lustgefühl aufgebaut wird, für das ganz besondere Gefühl sorgt. Du solltest nicht nach zwei, drei Minuten die Flinte ins Korn werfen. Hier ist Ausdauer gefragt.

Strecke dich ganz entspannt aus, die Beine leicht gespreizt. Platziere deine Daumen, einander gegenüber, auf der Oberseite deines Schwanzes, und zwar ganz an der Schwanzwurzel – dort, wo schon das Schamhaar beginnt. Der Schwanz soll auf diesen Daumen ruhen, wobei die Eichel auf deinem Unterleib liegt und in Richtung deines Kopfes zeigt.

Deine Mittelfinger drückst du jetzt fest gegen die untere Seite der Schwanzwurzel, links und rechts der Hoden. Die Zeigefinger liegen

43

WIE ÜBERWINDE ICH EREKTIONSSCHWIERIGKEITEN?

direkt an der Schwanzwurzel, und zwar zu beiden Seiten der Mittelachse, dort wo dein Hodensack beginnt. Auch sie sind fest angedrückt. Die Vorhaut muss von der Eichel zurückgezogen sein. Deine Finger berühren sich nun fast, einmal ringsherum um die Basis deines Schwanzes, und zwar so weit unten wie möglich.

So fängst du an:

Ohne ihre Stellung zu verändern, näherst du ganz langsam die Zeigefinger an die Mittelfinger an, wobei sie nun einen Teil der Haut deines Hodensackes einzwicken. Gleichzeitig bohren sich die Finger seitlich in die Schwanzwurzel. Mit den Daumen drückst du nun fest gegen die Oberseite, während die schön flach liegenden Zeigefinger die Stimulierung verlängern.

All diese Bewegungen sollten langsam und gründlich sein. Dein Schwanz sollte dabei weder deinen Unterleib noch deine Finger berühren. Achte immer auf die Bewegung deiner Zeigefinger. Es wird nicht lange dauern, dann hast du das Gefühl, dass die Schwanzbasis wie in einem Schraubstock steckt. Deine Schenkel spannst du jetzt an, ohne sie dabei aber zu schließen. Du setzt die Übung fort, indem du abwechselnd mit deinen Fingern folgende Stimulierung durchführst: du schiebst deine Hände etwa einen Zentimeter weiter nach unten, ohne dabei den festen Griff an der Schwanzbasis zu lockern.

Dein Schwanz wird jetzt größer werden – mehr im Umfang als in der Länge -, denn seine Haut ist sehr straff. Die Finger werden jetzt nicht mehr bewegt. Drücke einfach noch stärker mit dem Daumen gegen die Oberseite, dabei nach unten. Deine Hände bleiben ganz flach in die Leistengegend gedrückt. Von nun an kannst du mit der Bewegung allmählich schneller werden.

WIE ÜBERWINDE ICH EREKTIONSSCHWIERIGKEITEN?

13. Übung

BEI DIESER ÜBUNG geht es ebenfalls darum, in einem bestimmten Erregungszustand – ohne die Hände dabei zu benutzen – eine Erektion zu erreichen.

Es geht nicht darum, so zu tun, als ob du keine Hände hättest, oder nur mit bloßer Gedankenkraft an dieses Ziel zu gelangen. Der Schwanz steht nicht auf Kommando. Er muss also wenigstens indirekt stimuliert werden, indem die Hände sich mit anderen Körperpartien beschäftigen, nämlich den sekundären erogenen Zonen, vor allem aber den Brustwarzen und dem Anus.

Du fängst diese Übung an, indem du dich einfach flach auf den Rücken legst, das linke Bein ausgestreckt, das rechte darüber gekreuzt, so dass dein Schwanz an seiner Basis zwischen den Schenkel eingeklemmt ist. Mit zurückgezogener Vorhaut schaut die Eichel zwischen den Schenkel hervor. Du stützt dich auf den linken Ellenbogen, so dass dein Oberkörper in einem Winkel von 45 Grad zum Bett steht. Ziemlich schnell wird sich durch den Druck auf den Schwellkörper deine Eichel dunkel verfärben. Jetzt spannst du deinen Beckenmuskel an und entspannst sie gleich wieder. Ohne das linke Bein zu bewegen, schiebst du das rechte Knie weiter hoch. Deine Schenkel dürfen sich dabei nicht voneinander lösen. Nun werden die Beckenmuskel erneut angespannt, wodurch ein massiver Druck auf deinen Penis entsteht, der jetzt von allen Seiten eingezwängt ist.

Wenn du jetzt dein Knie streckst, zieh den Bauch ein, damit der Druck dort nachlässt.

WIE ÜBERWINDE ICH EREKTIONSSCHWIERIGKEITEN?

Sobald du den Schenkel in die Ausgangsposition zurückführst, rutschst du mit der rechten Arschbacke automatisch nach hinten, machst dadurch ein Hohlkreuz und der Schwanz scheint zwischen den Schenkeln zu verschwinden.

Bei jedem Vorstoßen deines Knies nach vorn und nach unten, musst du deine Schenkel ganz fest gegeneinander drücken.

Nun kannst du dein Lustgefühl noch deutlich steigern, indem du mit den Fingern deine Brustwarzen stimulierst. Feuchte die Mittelfinger an, lass sie über den Warzenhof streichen, ganz sanft und schnell, dann fester und langsam. Kneife sie auch mit deinen Fingernägeln.

Die Bewegung der Hüften kann jetzt schneller werden. Wenn du dabei immer deine Eichel ansiehst, wird die Erregung noch größer sein. Die Farbe der Eichel wird immer noch dunkler. Plötzlich hast du nur noch einen Wunsch: noch lange so weiterzumachen, dir ein Lustgefühl zu verschaffen, das du beherrschst. Du hast nicht einmal das Verlangen abzuspritzen. Dieses Gefühl ist ausgesprochen stark und beständig. Du hättest weder Lust, jetzt normal zu wichsen, noch kann es dir passieren, einfach zu kommen.

Wenn du gern deinen Anus stimulierst, kannst du das nun mit der rechten Hand tun, während die linke sich weiterhin um die Erregung der linken Brustwarze kümmert.

Die Intensität der Erregung kann dadurch verändert werden, dass du dich auf den Rücken fallen lässt, wobei die Beine aber in derselben Haltung bleiben müssen. Die Bewegungen sind jetzt noch ausgeprägter, und dein Schwanz ist an seiner Basis noch mehr zusammengepresst. Du kannst auch die Seiten wechseln und dann wieder in die Ausgangsstellung zurückkehren. Eine sehr angenehme Erregung ist das Ziel …

WIE ÜBERWINDE ICH EREKTIONSSCHWIERIGKEITEN?

14. Übung

AUF DEN ERSTEN BLICK wird dir diese Übung nicht eben simpel vorkommen, weil hier die Stimulation absichtlich die sensiblen Zonen des Körpers auslässt.

Tatsächlich werden hier weder die Hoden noch die Schwanzwurzel oder die Eichel mit den Händen erregt, sondern der Schwanzschaft.

Man sollte nicht vergessen, dass auch er umgehend auf Berührungen reagiert, und dass er sowohl beim Wichsen als auch beim Blasen und Ficken unweigerlich ins Spiel kommt. Doch bei all diesen Reizen ist immer die Eichel die Verlängerung des Schafts, und dort spüren wir die schönsten Empfindungen. Schon deshalb kommt der Orgasmus nach relativ kurzer Zeit und fast immer zu früh.

Seltsamerweise führt eine ausschließliche Erregung der Eichel oder des Schafts nicht zu so einem übergroßen Bedürfnis, gleich kommen zu müssen. Wenn der Reiz die beiden voneinander getrennt anspricht, ist es kein Problem, sich viel länger zu beherrschen – vorausgesetzt, man gibt nicht dem Bedürfnis nach, schnell zum Ende kommen zu wollen. Denn eigentlich ist es nur normal, sich nicht zurückhalten zu wollen. Wer sich wohl fühlt, will, dass es ihm immer noch besser geht. Deshalb wird schon beim Vorspiel oft so eine Eile an den Tag gelegt.

Du solltest dich bemühen, die Erregung immer auf der Kippe zwischen der anfänglichen »Unlust« und dem Orgasmus zu halten.

WIE ÜBERWINDE ICH EREKTIONSSCHWIERIGKEITEN?

Wenn du es bei diesem Schwebezustand belässt, wird es nicht vorkommen, dass du zu einer verfrühte Ejakulation kommst und du wirst die ganze Tiefe der Lust genießen können, die durch das Hinauszögern nur noch größer wird.

Du legst dich ganz einfach auf den Rücken, die Beine ausgestreckt nebeneinander, so dass sie sich leicht berühren. Deine Hoden hängen ganz normal, also ohne jeden Druck, zwischen den Schenkeln.

Dein Schwanz ruht auf deinem Unterleib. Nun legst du deine Daumen einander gegenüber unter die Oberseite, auf die oben liegende Unterseite die jeweils folgenden drei Finger jeder Hand. Die kleinen Finger sind von den anderen abgespreizt und berühren links und rechts die Schwanzbasis. Sie stützen sich dort nur ab und nehmen nicht teil an der Stimulierung.

Du fängst jetzt an, gleichzeitig mit beiden Daumen den Schaft gegen die oben liegenden Finger zu drücken, die nur die Funktion haben, dieser Bewegung entgegenzuwirken. Drücke nur ganz langsam und gleichmäßig und achte immer darauf, dass deine Daumen sich über der Mitte des Schafts berühren. Anfangs drückst du nur wenig. Etwa eine Minute lang behältst du diesen Rhythmus bei und konzentrierst dich ganz auf deinen Schwanz. Allmählich wirst du spüren, dass er härter wird. Du darfst jetzt nicht schneller werden. Im Gegenteil: Du musst jetzt langsamer, dafür aber stärker drücken. Mit jedem Mal müssen deine Daumen sich tiefer in den Schaft drücken. Dabei ist die Druckstärke nicht konstant, sondern wird allmählich gesteigert: Am Ende jeder Bewegung muss der Druck am stärksten sein.

Dein Schwanz wird jetzt hart. Erst jetzt fangen die anderen Finger mit ihrer direkten Stimulierung an.

Da deine Daumen sich auf der Höhe von Mittel- und Ringfinger befinden, liegen die Zeigefinger weiter oben. Mit ihnen führst du jetzt eine ähnliche Bewegung wie mit den Daumen durch. Die Daumen dürfen inzwischen nicht aufhören zu drücken. So drücken nun alle vier Finger gemeinsam; der Druck wird immer bestimmter.

WIE ÜBERWINDE ICH EREKTIONSSCHWIERIGKEITEN?

Jetzt ist die Erektion in greifbarer Nähe. Achte darauf, dass du während der ganzen Zeit die Stellung deiner Finger nicht veränderst!

Schließlich üben auch Mittelfinger und kleiner Finger größeren Druck aus, wodurch dein Schwanz immer noch härter wird.

15. Übung

DIESE ÜBUNG ist besonders geeignet, noch einmal eine Erektion zu erlangen, wenn du vor ein oder zwei Stunden schon einmal gekommen bist.

Selbst wenn dein Schwanz sich gerade in einer Phase größten Desinteresses befindet und nicht einmal die Bewegungen der klassischen Masturbation helfen würden, kann die Bewegung, die du hier entdecken wirst, Wunder vollbringen …

Aber noch einmal: Es reicht nicht, die richtige Bewegung auszuführen, sie muss auch im richtigen Moment ausgeführt werden. Wenn du nicht präzise bist, wird diese Übung dich endgültig abtörnen. Erst, wenn du die beschriebenen Bewegungen mehrmals wiederholt oder sie ganz deinen Bedürfnissen angepasst hast, wirst du die nötige Präzision erreichen.

Für diese Übung legst du dich hin, spreizt die Beine ein wenig und greifst von unten mit dem linken Daumen und Zeigefinger deinen schlaffen Schwanz. Die drei anderen Finger der Linken drücken deine Hoden leicht nach unten und zur Seite. Dein Penis ruht leicht nach rechts geneigt in der Leistengegend. Deine Eichel muss von der Vorhaut befreit sein. Rechten Daumen und Zeigefinger legst du gegen die Oberseite des Schwanzes. Sie bilden fast einen Ring um die Eichelfurche. Die drei anderen Finger hältst du entlang des Schafts in Richtung Schwanzwurzel, wo sie den linken Daumen und Zeigefinger berühren. Der Mittelfinger liegt dabei genau über dem Schwellkörper, kleiner Finger und Zeigefinger links und rechts davon.

WIE ÜBERWINDE ICH EREKTIONSSCHWIERIGKEITEN?

Jetzt kannst du anfangen.

Die linken Finger drücken, die Finger der rechten liegen dagegen nur ganz leicht auf.

Dein rechtes Handgelenk muss jetzt ganz beweglich sein. Die Ellenbogen hast du gleich neben der Hüfte auf das Bett gestützt. Deine Arme bewegen sich nicht, sondern ausschließlich dein Handgelenk. So schnell du kannst, führst du jetzt mit dem Handgelenk vibrierende Bewegungen aus, die wie Achtelumdrehungen aussehen. Diese Bewegung ist überhaupt nicht anstrengend. Du musst nur entspannt sein und jede Verkrampfung vermeiden. Diese ganz schnellen, sehr kleinen Drehbewegungen scheinen den Schwanz zu elektrisieren, der ja nur von den Fingerspitzen deiner rechten Hand berührt wird, während linker Daumen und Zeigefinger sich damit begnügen, die Basis des Schafts festzuhalten. Schon nach einigen Sekunden wird dein Schwanz allmählich größer. Du kannst nun rechten Daumen und Zeigefinger stärker andrücken, dann wieder nachlassen.

Halte die Geschwindigkeit des rechten Handgelenks aufrecht, lass dann einige Sekunden langsamerer Bewegung folgen. Rechter Daumen und Zeigefinger lösen sich dann vom unteren Rand der Eichel. Du legst sie jetzt ebenfalls entlang deines Schwanzes an.

Du machst mit den Vibrationen weiter, wirst schneller, wieder langsamer, findest dann zur ersten Geschwindigkeit zurück, ziehst mit der Linken an deinen Hoden: Dein Schwanz wird immer größer, muss aber von der Rechten gefangen gehalten bleiben. Bald wirst du gezwungen sein, mit den Fingern der rechten Hand von der Schwanzwurzel weiter nach oben zu rutschen bis du schließlich kurz davor bist, (erneut) zu kommen.

2

Verlängerte Masturbation

VERLÄNGERTE MASTURBATION

DIESES KAPITEL teilt sich in zwei Abschnitte: einen ersten über das trockene Masturbieren, sowie einen zweiten über das Masturbieren mit Gleitcreme.

Auch wenn die Bewegungen in den unterschiedlichen Übungen in beiden Abschnitten gleich sein mögen, werden sie doch auf ganz unterschiedliche Weise durchgeführt. Ein eingecremter Schwanz ist schon deshalb viel sensibler, weil er sich in einem Zustand befindet, den er sonst beim Ficken hat und der schwieriger zu kontrollieren ist. Für die meisten Männer ist es hier kaum möglich, nicht schwach zu werden; die Willenskraft ist meist nicht stark genug, die Lust zu bändigen.

Deshalb ist es für die meisten nicht auf Anhieb möglich, in einer solchen Situation eine innere Sperre aufzubauen, nur einen Teil der Empfindungen zuzulassen und so die grundlegende Erregung auf ihre Körperlichkeit zu beschränken. Daran muss man erst arbeiten, und der beste Weg ist wohl der über allmählich aufgebaute Übungen zum kontrollierten, trockenen Masturbieren, die du genauestens befolgen solltest.

Dieses verlängerte Masturbieren nutzt Bewegungen, mit denen du deine Ejakulation ziemlich leicht im Zaum halten kannst.

Die wichtigste Regel zum Erreichen der völligen Kontrolle über den Orgasmus ist wohl die, so lange wie möglich die gleichbleibende stimulierende Bewegung beizubehalten, und nicht dem ganz normalen Verlangen nachzugeben und zu den typischen Wichs- und Fickbewegungen, bei denen du viel zu schnell kommen würdest.

Deshalb bleibt die Bewegung im ganzen Verlauf der Übung gleich. Dies gilt auch für Geschwindigkeit und Druck, wobei es vielleicht je nach Sensibilität des Einzelnen auch Abweichungen geben mag. Aber eines muss jedem klar sein: Je länger die Erregung andauert, desto stärker wird Orgasmus und Lustgefühl sein!

VERLÄNGERTE MASTURBATION

Noch wichtiger ist die Tatsache, dass du durchaus langanhaltende und wiederholte Erregungszustände erleben kannst, ohne einen Orgasmus haben zu müssen. Auch wenn die Ejakulation vielleicht notwendig ist, um normale sexuelle Spannungen zu lösen, so ist sie doch nicht unverzichtbar.

Auch auf rein körperlichem Niveau erhöhen vielfältige Stimulierungen mit zurückgehaltenem Orgasmus die sexuelle Spannung so, dass ein maximaler Blutstau im Penis einsetzt, der – wenn die Spannung später gelöst wird – zum traumhaftesten Orgasmus führt. Eben weil die Phase, in der das Lustgefühl ansteigt, meist zu kurz ist, gibt es so häufig Probleme bei der Unterscheidung zwischen Ejakulation und Orgasmus.

Dies ist für die meisten so normal, dass viele Männer davon überzeugt sind, dass der Orgasmus dann stattfindet, wenn es zur Ejakulation kommt – oder Ejakulation sei gleich Orgasmus.

Diese Gleichung mag vielleicht auf visuellem Niveau stimmen. Ansonsten ist sie nicht richtig. Allen Männern gemein ist das Bedauern, dass die Phase vor der Ejakulation meist so kurz ist – und das heißt ja nichts anderes, als dass die Ejakulation in der Lust nicht alles ist und der Orgasmus nur der absolute Höhepunkt im Lustempfinden. Gleichzeitig stellt er aber auch den *Point of no return*, die Punkt, an dem es kein Zurück mehr gibt, dar.

Männer, die das »Glück« haben, sich länger zurückhalten zu können, werden dir immer bescheinigen, dass es vor dem Orgasmus schöner ist als hinterher.

Es gibt übrigens ein untrügliches Anzeichen für mangelnde Intensität der Erregung bei jenen Männern, die Ejakulation und Orgasmus verwechseln: das Fehlen von »Lusttröpfchen«, die üblicherweise eine Weile vor dem Orgasmus auftauchen.

Bei diesem Sekret handelt es sich einfach um eine transparente, leicht klebrige Ausscheidung, die nichts mit Sperma zu tun hat und auch manchmal aus einem schlaffen Penis, meist aber in seinem erigierten Zustand austritt. Sie funktioniert wie eine körpereigene Gleitcreme. Je größer die Erregung ist, desto mehr dieser immer

VERLÄNGERTE MASTURBATION

neu produzierten Flüssigkeit tritt aus und zeigt das Wohlbefinden an. Frühzeitige Ejakulation findet auch statt, wenn die Eichel noch völlig trocken ist.

Wenn du zu den Männern gehörst, die häufig zu früh kommen, dann solltest du die folgenden Übungen ganz genau zu befolgen. Das wird nicht immer einfach sein: Manchmal wirst du deinen üblichen Reflexen nachgeben und jene entscheidende Bewegung machen, nach der es kein Zurück mehr gibt. In diesem Fall solltest du das nicht beklagen, sondern dir lieber vornehmen, es beim nächsten Mal länger auszuhalten.

Viele der folgenden Übungen verzichten auf die klassischen Handgriffe der Selbstbefriedigung, die meist zu erregend sind, um sie längere Zeit auszuhalten, und es unmöglich machen, wirkliche Fortschritte zu machen. Einige nutzen verfeinerte Versionen der Bewegungen und Stimulationen aus den vorangegangenen Übungen.

Trotzdem wirst du ganz schnell feststellen, dass auch diese Handgriffe dich, wenn du es willst, zum Orgasmus kommen lassen.

Du solltest dir klar machen, dass du – wenn du durchhältst – doppelt belohnt werden wirst: Dein Lustgewinn wird in der Selbstbefriedigung absolut außergewöhnlich sein. Und beim Ficken wirst du die perfekte Kontrolle über deine Ejakulation erreichen.

Du solltest zwischen den einzelnen Übungen nicht zu viel Zeit vergehen lassen. Um Geschmack daran zu finden und nicht das Interesse zu verlieren, musst du sie relativ kurz nacheinander ausprobieren – sonst würdest du vielleicht deinen Gewohnheiten nachgeben.

Wenn du allerdings merkst, dass du an einem Tag nicht in Form bist oder überhaupt keine Lust hast, solltest du das Ganze lieber verschieben. Allerdings kommt der Appetit auch oft erst beim Essen …

Indem du die Übungen, die hier zufällig aufeinander folgen und in denen für jeden etwas steckt, nacheinander ausprobierst, kannst du dir selbst eine Reihenfolge mit immer größeren Schwierigkeitsgraden zusammenstellen.

Verlängerte Masturbation
ohne Gleitmittel

VERLÄNGERTE MASTURBATION – OHNE GLEITMITTEL

1. Übung

DU SETZT DICH auf den Rand deines Sessels, wobei deine Hoden halb zwischen deinen leicht zusammengepressten Schenkeln gefangen sind. Du beginnst die Stimulation folgendermaßen:

Die Finger deiner Rechten umfassen den Schwanz kurz unterhalb der freigelegten Eichel, wobei der Daumen sich auf der Oberseite des Schwanzes befindet.

Zwei Finger der Linken helfen dir, indem sie an der Schwanzbasis postiert sind: der Zeigefinger rechts, der Daumen links, allerdings wird er gekrümmt, so dass es dein Fingernagel ist, der den Penis berührt.

Es ist besser, wenn du deine Beine leicht angewinkelt hältst. Der Rücken muss ganz gerade sein.

Die beiden Finger der Linken drücken den Penis zusammen und ziehen ihn leicht nach unten. Die Finger der Rechten stützen die Eichel und vollführen die klassische Auf- und Abwärtsbewegung, allerdings nur ganz sachte. Deine Finger gleiten dabei nicht den Schwanz entlang, sondern bleiben fest unterhalb der Eichel verankert. Dadurch wird dein Schwanz in die Länge gezogen und langsam größer. Die Finger deiner Linken üben währenddessen einen gleichmäßigen Druck auf die Schwanzbasis aus.

Etwa vier- bis fünfmal pro Sekunde führst du diese langsame Wichsbewegung aus. Jedes Mal, wenn die Bewegung oben angekommen ist, drücken die Finger sehr viel stärker, als wenn die Hand wieder nach unten kommt. Jetzt hast du schon fast eine Erektion

VERLÄNGERTE MASTURBATION – OHNE GLEITMITTEL

erreicht und kannst die Geschwindigkeit erhöhen. Die beiden Finger der linken Hand graben sich stoßweise immer noch etwas tiefer in die Schwanzbasis – immer dann, wenn die Rechte deinen Schwanz gerade noch oben zieht.

Die Kombination aus diesen beiden Bewegungen verstärkt deine Empfindungen deutlich. Jetzt erreichst du den Punkt, an dem du am stärksten Lust hast, dich schnell und auf die klassische Weise zu befriedigen. Diesem Verlangen musst du widerstehen, denn das Ziel dieser Übung ist es, die Erregung so lange wie möglich aufrecht zu erhalten, wobei sich dein Schwanz, und vor allem die Eichel, immer mehr mit Blut füllen soll.

Lass dich jetzt einfach gegen die Lehne des Sessels fallen, ohne dabei aber deinen Hintern zu bewegen oder die Schenkel zu öffnen. Diese simple Veränderung der Position macht deinen Schwanz noch härter. Die Eichel schwillt an. Du wirst jetzt immer schneller, weswegen du bald die Bewegung leicht verändern musst, weil sie sonst dort, wo dein Daumen drückt, fast schmerzhaft wird.

Mit dem Handgelenk der Rechten führst du weiterhin ganz leichte seitliche Vibrationen durch, die du mit der Bewegung von unten nach oben abwechselst. Dadurch wirst du ein Kribbeln spüren, das wellenartig kommt und, vom Hintern bis zu den Knien, über die Außenseite deiner Schenkel verläuft.

Jetzt erreichst du jene Phase, in der du dein lustvolles Gefühl so lange aufrechterhalten kannst, wie du willst, und du dir dabei sagst, dass du jetzt nicht kommen, sondern einfach nur diese Bewegungen genießen willst.

Die beiden Finger der linken Hand schließt du nun zu einem Ring, den du ganz sanft über die ganze Länge des Schafts gleiten lässt, wobei du allerdings stärker zudrückst, wenn die Bewegung von unten nach oben verläuft. Zur gleichen Zeit setzt die rechte Hand die Vibrationen fort.

Du wirst jetzt ein immer größeres Lustgefühl empfinden, gleichzeitig aber auch eine Art Reizung. Es wird dir fast so vorkommen, als würdest du spüren, wie deine Ejakulation näher kommt.

VERLÄNGERTE MASTURBATION – OHNE GLEITMITTEL

Hör einfach während einer halben Minute mit allen Bewegungen auf. Lass aber deine Hände in derselben Position. Schließ die Augen und entspanne dich. Atme tief durch. Dann kannst du die Bewegungen von eben fortführen, diesmal aber kräftiger und schneller. Wenn du wieder meinst, die Ejakulation sei nahe, halte einfach alles an, sogar den Atem, und beruhige dich wieder.

Spätestens jetzt wirst du an deiner Schwanzspitze eben jene Gleitflüssigkeit auftauchen sehen, die der Ejakulation vorausgeht und ein Zeichen für die extreme Spannung deiner Erregung ist. Nimm jetzt sogar die Hände von deinem Schwanz und berühre dich etwa eine Minute lang überhaupt nicht. Wenn deine Erektion leicht nachlässt, kannst du weitermachen. Du wirst einige Sekunden brauchen bis du wieder eine ebenso starke Erektion hast wie zuvor.

Deine Linke schließt sich jetzt völlig um deinen Schwanz. Du wichst fortan mit der Linken, während drei Finger der Rechten direkt unterhalb der Eichel liegen und sich nicht rühren.

Von da an dürftest du eine ganze Weile »durchhalten«, denn diese Stimulierung kann längere Zeit durchgeführt werden, ohne dass das Verlangen abzuspritzen zu groß wird. Sobald du dieses Verlangen spürst, stoppst du wieder, indem du diesmal deinen Schwanz fest zusammendrückst: Gleich werden die Lusttröpfchen verstärkt austreten und deine Eichel bedecken. Das ist gut so, denn es zeigt, dass du dich beherrschen konntest, obwohl du immer erregter bist.

Nach zwei oder drei Minuten machst du einfach mit klassischer Selbstbefriedigung weiter – aber immer nur mit der linken Hand. Dabei empfehle ich dir kurze Bewegungen bei mittelstarkem Druck.

Bleib dabei ganz langsam und im selben Rhythmus. Den Rücken immer noch angelehnt und ganz entspannt, kannst du jetzt die Beine ausstrecken, die Schenkel eher gespreizt als zusammengepresst, so dass deine Hoden jetzt gänzlich frei sind. Die Augen hältst du geschlossen. Du konzentrierst dich ganz auf das Lustgefühl, das dich allmählich ausfüllt. Du hast keine Lust, jetzt zu kommen. Du willst nur eines: so weitermachen …

VERLÄNGERTE MASTURBATION – OHNE GLEITMITTEL

Dafür solltest du allerdings dann diesen Rat befolgen: Du musst so stark sein, dir eine Pause von mindestens einer Viertelstunde zu gönnen, in der deine Erektion völlig nachlässt. Diese lange Ruhephase ist absolut notwendig, damit die Erregung vollkommen verschwindet.

Nach dieser Pause kannst du die Stimulierung weiterführen: Schon nach kürzester Zeit kommt die Erektion wieder, obwohl du immer noch nur mit der linken Hand und ganz langsam arbeitest. Damit du nicht zu große Bewegungen machst, solltest du den Unterarm auf die Lehne des Sessels oder auf deinen Oberschenkel legen. Dies ist deshalb sehr wichtig, weil auf diese Weise die Bewegungsfreiheit deines Handgelenks eingeschränkt wird. Achte auch darauf, dass die Bewegung deiner Finger nicht über den Rand der Eichel streift. Deine Hin- und Herbewegung muss direkt unterhalb der Eichel aufhören.

Dritte Vorsichtsmaßnahme: Während deine Erregung wächst wirst du – ohne es zu merken – deinen Hintern anspannen. Dein ganzer Körper steht aufgrund der Erregung unter Storm, was dazu führen würde, dass du zu schnell zum Höhepunkt kommst. Entspanne also deine Arschbacken, deine Beine, konzentriere dich ganz auf deine langsame, feste und doch sanfte, vor allem aber ganz regelmäßige Handbewegung.

Es muss dir gelingen, deinen Penis in Gedanken vom Rest deines Körpers zu lösen: sei also schlaff, während er ganz steif ist!

Sobald du die Selbstbefriedigung erneut aufgenommen hast, schließt du die Augen, um dich besser konzentrieren zu können. Wenn du bis hierher alle Anweisungen richtig befolgt hast, wirst du jetzt bald einen Zustand idealen Gleichgewichts erreichen, den du lange durchhalten kannst: Dein Schwanz ist hart und deine ganz gleichmäßige Handbewegung kannst du endlos weiterführen, ohne das Verlangen, zu kommen.

Von Zeit zu Zeit kannst du die sexuelle Spannung erhöhen, indem du dir selbst zusiehst. Dabei solltest du ausschließlich deine Eichel fixieren, die Arschbacken zusammenpressen und die Beinmus-

VERLÄNGERTE MASTURBATION – OHNE GLEITMITTEL

keln anspannen. Diese Verbindung sorgt für eine plötzliche Steigerung des Lustgefühls.

Du wichst so lange weiter, bis du das Gefühl der bald einsetzenden Ejakulation spürst: ein Kribbeln am unteren Ende des Rückens, Lustschauer auf den Oberschenkeln …

Höre dann sofort auf! Schließ die Augen, halte die Hand immer noch um den Schwanz geschlossen. Erst nach zwei, drei Sekunden darfst du weitermachen.

Diesmal wirst du eine ganze Weile weitermachen können, ohne dass du dich noch einmal stoppen musst. Bedingung hierfür allerdings ist, dass du die Augen geschlossen hälst und deine Gesäßmuskulatur entspannst. Du kannst jetzt eigentlich schon gar nicht mehr unfreiwillig ejakulieren. Wenn du es jetzt tust, dann nur, weil du es wirklich willst.

Dir wird schwindlig, du bist ganz ausgefüllt von einem leicht tauben und wie stechenden Lustgefühl. Diesen Zustand kannst du, wenn du willst, noch eine Stunde aufrechterhalten!

VERLÄNGERTE MASTURBATION – OHNE GLEITMITTEL

2. Übung

DU SITZT IMMER NOCH, diesmal aber weit hinten in deinem Sessel. Hier wirst du deinen Schwanz mit einer Bewegung stimulieren, die fast die gleiche ist, wie jene, die du für die Vorbereitung zur verlängerten Selbstbefriedigung benutzen wirst.

Deine Haltung muss relativ entspannt sein, die Schenkel leicht gespreizt, die Beine ausgestreckt. Du blickst konzentriert auf deinen Schwanz.

Zuerst schließt du deine linke Hand um den Hodensack, wobei sich deine Finger kurz unterhalb der Schwanzwurzel fast zur Faust schließen.

Die rechte Hand zieht die Vorhaut zurück. Und nur mit Hilfe der einander gegenüberliegenden Daumen und Zeigefinger wirst du eine Erektion erreichen. Beide Finger ruhen direkt unterhalb der Eichel, drücken also nicht zu. Zunächst tritt deine linke Hand in Aktion, während die beiden Finger der rechten Hand langsam vor- und zurückgleiten. Du machst nichts als diese einfachen Bewegungen. Die Wärme, die nun in deinen Eiern entsteht, wird sich recht schnell auf dein Glied übertragen, das mit Hilfe der kleinen Bewegung der beiden Finger in erstaunlich kurzer Zeit wächst.

Wenn du nach einigen Sekunden keinerlei Veränderung wahrnimmst, überstürze nichts: Es hilft gar nichts, wenn du ungeduldig wirst. Deine Erektion muss aus dieser Bewegung entstehen, denn mit derselben Bewegung wirst du dich hinterher befriedigen, und das Lustgefühl wird umso länger anhalten.

VERLÄNGERTE MASTURBATION – OHNE GLEITMITTEL

Jede andere Stimulation würde es dir später nicht ermöglichen, lange auszuhalten.

Betrachte einfach ganz konzentriert deine beiden Finger um deine Eichel. Lass Daumen und Zeigefinger ganz subtile Stöße aussenden, und du wirst feststellen, dass dies schon genügt, um eine sichtbare Veränderung einzuleiten.

Höre jetzt keinesfalls mit der Bewegung auf, sondern vergrößere deinen Aktionsradius. Es sollte hier eigentlich fast unmöglich sein, dass du nicht nach ein oder zwei Minuten einen Ständer bekommst.

Je länger du so weitermachst, desto mehr spannt sich die Haut deines Schwanzes und die rechten Finger haben nun einen viel engeren Kontakt mit der sensiblen Stelle, an der sie liegen.

Ohne nachzulassen, und mit der gleichen Ausdauer, kannst du jetzt viele Minuten so weitermachen. Daumen und Zeigefinger der linken Hand drücken sich nach und nach tiefer in die Schwanzwurzel, während du die unteren Bauchmuskeln anspannst: Jetzt müsstest du spüren, wie dein Anus sich zusammenzieht. Die Erektion ist hergestellt.

Anschließend geht es darum, deine momentan noch diffuse Lust zu vergrößern, ohne dabei gleich in eine klassische Masturbation zu verfallen.

Ziehe deinen Schwanz jetzt so stark wie möglich nach oben, während du gleichzeitig den Druck auf seine Basis verstärkst. Wenn du lange genug so weitermachst, hast du das Gefühl, den Zustand der Lust nur noch auf diese Weise fortzuführen. Jetzt kannst du die kurzen Auf- und Abwärtsbewegungen mit diesen längeren, die genauso schnell sein sollten, abwechseln, ohne dabei die Position deiner Finger auf der Schwanzoberfläche zu verändern.

Innerhalb der nächsten Minuten erreicht der Schwanz jetzt einen Zustand absoluter Steifheit. Deine Eichel wird dunkelrot. Dies ist der richtige Augenblick, die Stimulierung grundlegend zu verändern.

VERLÄNGERTE MASTURBATION – OHNE GLEITMITTEL

Lege deine Unterarm bequem auf die Sessellehne. Das wird nötig, denn die Bewegung, die du nun ausführst, erfordert eine solche Stützmaßnahme.

Du legst jetzt deine Finger rings um die Eichel, ohne sie dabei aber zu berühren. Du darfst keinen Druck ausüben, denn die Bewegung ist in dieser Geschwindigkeit nur möglich, wenn deine Finger geöffnet bleiben. Die Bewegung geht eigentlich von deinem Handgelenk aus: eine kurze und sehr schnelle Vibration. Dieses Klopfen soll den Rand deiner Eichel treffen, wobei der Daumen auf der Oberfläche des Schwanzes und die anderen Finger an der Unterseite liegen.

Gleichzeitig hältst du weiterhin deine Hoden fest in der Linke, die du pumpend zusammendrückst.

Jetzt schließt du die Finger der rechten Hand fest um deine Eichel und ziehst sie nach oben – so als wolltest du sie vom Rest des Schwanzes trennen. Dieses Ziehen wiederholst du etwa 20-mal. Es erhöht noch deutlich den Blutzufluss in der Eichel. Dann nimmst du die vorangehende Bewegung wieder auf, die du mehrmals mit der neuen abwechselst: Die Erregung wird jetzt immer stärker, du empfindest schon ein diffuses Prickeln im ganzen Unterleib.

Du führst nun anschließend jene vibrierenden Bewegungen aus, ohne deine Eichel dabei aber loszulassen: das Gefühl wird noch intensiver. Eine Art Welle scheint von der Eichel auszugehen und den ganzen Schwanz bis zu den Hoden auszufüllen. Die Finger der linken Hand lassen nun die Eier los und umschließen die Basis des Schafts. Mit Daumen, Zeige- und Mittelfinger beginnst du jetzt auf dieser Höhe kurze, feste Massagen, die diese Welle wieder zur Eichel zurückschicken.

Durch diese abwechselnde Bewegungen entsteht eine Empfindung, die halb Lust, halb Reizung ist und die du manchmal aufrechterhalten und manchmal unterbrechen möchtest. Wenn du lange genug weitermachst, überwindest du das Reizgefühl und erreichst eine Phase intensiver Wollust. Du machst immer weiter, wechselst all diese Bewegungen ab. Nach einer Weile, die von Mann

VERLÄNGERTE MASTURBATION – OHNE GLEITMITTEL

zu Mann unterschiedlich lang sein kann, wir die Erregung plötzlich sehr stark und die Gleitflüssigkeit tritt aus. Jetzt könntest du bald kommen …

Sofort hörst du auf, bewegst dich nicht mehr, schließt die Augen und denkst an nichts als deine Atmung, die jetzt ganz gleichmäßig und tief sein sollte. Auf diese Weise beruhigst du dich schon in wenigen Sekunden wieder, die Spannung lässt nach, du kannst wieder klar denken.

Es ist nur normal, dass hierbei die Erektion etwas nachlässt, denn die Erregung hat die Phase hinter sich gelassen, in der du das Gefühl hast, ejakulieren zu müssen. Nun hast du eine Masturbation vor dir, die du solange weiterführen könntest, wie du es dir vorher nie hättest vorstellen können. Die Stimulierung hat deine Eichel erregt und das Blut stagniert nun, darauf wartend, dass es wieder reaktiviert wird.

Ab jetzt kannst du dich auf folgende Weise befriedigen:

Mit der linken Hand streichelst du langsamen und genüsslich den Schaft, ziehst die Haut nach oben und unten, aber ohne die höchst sensibilisierte Eichel zu berühren. Dies ganz langsam. Dann führst du dieselbe Bewegung mit der rechten Hand aus, diesmal aber ganz schnell. Nach etwa 20 solcher Bewegungen wechselst du erneut die Hand. Mit dieser abwechselnden Benutzung der Hände kannst du die Masturbation – und damit auch dein Lustgefühl – deutlich verlängern.

Wegen der längeren Reizung, die dieser Masturbation vorausging, kannst du nun viel deutlicher das Aufsteigen des Spermas kontrollieren.

Auch wenn du es schon kommen spürst, kannst du noch einige Sekunden lang weitermachen, und kannst dann immer noch rechtzeitig stoppen.

Verringere Geschwindigkeit und Druck nun um die Hälfte. Sofort lässt das Verlangen abzuspritzen nach. Du kannst von neuem beginnen, jetzt schon ohne die geringste Anstrengung; alles ist völlig unter deiner Kontrolle.

VERLÄNGERTE MASTURBATION – OHNE GLEITMITTEL

Es ist hier sogar günstiger, die Übung aufzuhören, ohne abgespritzt zu haben.

VERLÄNGERTE MASTURBATION – OHNE GLEITMITTEL

3. Übung

NIMM DIESELBE Position wie eben ein, lass diesmal aber deine Beine noch etwas lockerer.

Diese Übung ist ganz besonders erregend und lässt besonders intensive Reize entstehen. Interessant ist hier, dass die ganze Übung sich ausschließlich mit jener Stelle direkt unterhalb des Eichelrands beschäftigt und auch nur diese berührt wird. Noch interessanter ist wohl, dass es vom Anfang der Übung bis zur möglichen Ejakulation am Ende dieselben Finger (oder sogar nur Fingerspitzen) sind, die die Berührungen ausführen. Hier genügen schon zwei oder drei ganze leichte Veränderungen in den Bewegungen, um die Lust auf wirksame Weise zu variieren.

Die Oberschenkel hast du weit gespreizt, die Hoden hängen frei, ohne Behinderung. Dein Blick richtet ich auf das, was deine Hände tun. Bei dieser Übung kannst du von Anfang bis Ende die Augen geöffnet halten, ohne dass du dadurch Gefahr läufst, zu früh abzuspritzen.

Lass dich nicht irritieren, sollte diese Übung dir anfangs langweilig vorkommen, Wenn du weitermachst, wirst du es nicht bereuen.

Zieh jetzt die Vorhaut von deiner Eichel zurück und lass sie gleich unterhalb des Eichelrands als Wulst. Jetzt legst du beide Daumen an die Oberseite des Schwanzes auf diesen Wulst, beide Zeigefinger auf die Unterseite, wobei die Fingerkuppen sich berühren. Lass nun die Zeit für dich arbeiten.

VERLÄNGERTE MASTURBATION – OHNE GLEITMITTEL

Mit deinen Fingern übst du eine gleichmäßige Gleitbewegung aus: Wenn die Daumen nach oben rutschen, rutschen die Zeigefinger nach unten.

Es kommt vor, dass sich in der ersten Minute überhaupt nichts tut. Mach trotzdem weiter; die ersten Veränderungen werden schon bald sichtbar werden.

Ganz allmählich schwillt dein Schwanz an. Achte jetzt darauf, dass deine Zeigefinger deutlicher nach unten ziehen, während deine Daumen immer nur eben die Vorhaut über den Rand der Eichel schieben, ohne dabei aber die Eichel zu bedecken. Dies ist wichtig, weil der Reiz nur an dieser Stelle wirksam aufgebaut werden kann.

Von Zeit zu Zeit solltest du deine Finger wieder zurechtrücken, weil sie dazu neigen, sich zu verschieben. Dies gilt vor allem für die Daumen, die nicht auf die Oberseite des Schafts hinunterrutschen dürfen. Ihr Bewegungsradius soll extrem klein bleiben.

Je härter dein Schwanz nun wird, desto schneller führst du die eben beschriebene Bewegung aus, wobei du mit deinen Daumen immer stärker zudrückst. Das sorgt dafür, dass dein Schwanz länger wird, und führt zur Erektion. Diesen Rythmus behältst du einige Minuten bei, bis auch deine Eichel anschwillt. Jetzt werden die Reize plötzlich immer deutlicher spürbar. Und eben jetzt solltest du deinem Schwanz einen neuen Reiz gönnen:

Linker Zeigefinger und Daumen sowie rechter Zeigefinger und Daumen greifen jeweils zu beiden Seiten des Schafts den Vorhautwulst und zwicken ihn leicht ein. Während du an der Haut ziehst, drücken die zusammengepressten linken Finger den Körper deines Schwanzes in die rechten Finger, die sich leicht öffnen, und – indem sie sich wieder schließen – ihn gleich wieder zwischen die linken Finger zurückschieben.

Damit dieser Reiz wirken kann, muss die Bewegung gleich anfangs ziemlich schnell sein, dann noch schneller werden. Das ist noch ziemlich einfach, wenn man nicht zu schnell ist, wird aber mit größerer Geschwindigkeit immer schwieriger. Die beiden Hände müssen also völlig synchron arbeiten.

VERLÄNGERTE MASTURBATION – OHNE GLEITMITTEL

Anschließend nimmst du die vorangehende Bewegungen wieder auf, die nun aber, durch die größere Spannung in deinem Schwanz, ganz anders wirkt. Durch die Erektion wird die Haut zur Basis des Schwanzes hinuntergezogen. Du wirst jetzt die Bewegung der beiden Daumen noch kürzer ausführen müssen, die jetzt die Eichel an ihrem Rand nach oben drücken. Die Daumen müssen ganz in der Mitte liegen, fest angedrückt, die beiden Zeigefinger an der Unterseite etwas weiter unten, so dass bei jeder Bewegung das Bändchen so weit wie möglich nach unten gezogen wird.

Die Erregung nimmt zu, deine Eichel schwillt weiter an. Sie wird dunkel. Ein intensives Lustgefühl setzt ein.

Jetzt nimmst du die seitlichen Zwickbewegungen wieder auf, immer noch direkt unterhalb der Eichel, als wolltest du ihn vom Rest des Schwanzes trennen. Der wird nun besonders hart.

Beide Bewegungsabläufe werden jetzt viele Minuten lang abgewechselt, womit einfach noch die Blutkonzentration erhöht und deine Erektion gefestigt werden soll.

Jetzt lässt du den beiden Grundbewegungen eine dritte Variante folgen: Schiebe alle vier Finger gemeinsam hinunter und wieder hinauf, dies aber nur auf einem Radius von vielleicht zwei Zentimetern. Dann bewegst du die Finger abwechselnd: Während rechter Daumen und Zeigefinger hinaufrutschen, gleiten linker Daumen und Zeigefinger nach unten. Erhöhe nun Geschwindigkeit und Druck. Indem diese Bewegung schneller wird, gerät sie allmählich kreisförmig und verstärkt dadurch die Erregung.

Ab jetzt kannst du die drei Bewegungen abwechseln, ganz wie es dir gefällt. Die Erregung überträgt sich nun auf deine Arschbacken, die sich verhärten, wodurch deine Hüfte nach oben gedrückt wird. Deine Beine spannen sich an, deine Erektion ist schon perfekt. Jetzt erreichst du das Stadium, in dem du Lust hättest, deinen Schwanz einfach zu packen und dich zu wichsen. Nichts spricht dagegen, dies zu tun, wenn du das möchtest. Doch denk daran, dass du deine Ejakulation immer länger hinauszögern kannst, wenn du es schaffst, deine Erregung längere Zeit auf einem hohen Niveau zu

VERLÄNGERTE MASTURBATION – OHNE GLEITMITTEL

halten. Das birgt Vorteile sowohl für ein ausdauerndes Wichsen als auch beim Ficken.

Nach einigen Minuten wird deine Ausdauer belohnt werden: Du wirst ein sehr intensives Glücksgefühl spüren, durch das du Lust bekommen wirst, immer noch weiterzumachen. Du hast nun die gefährliche Phase überwunden: Deine Eichel ist voller Blut und wird dementsprechend sensibilisiert sein. Wichtiger ist aber die Tatsache, dass nun auf deiner Schwanzspitze einige Tropfen der Gleitflüssigkeit auftauchen, die die Intensität deiner Lust und die nahe Ejakulation anzeigen.

Jetzt brauchst du nicht aufzuhören. Verringere lediglich Druck und Geschwindigkeit, das reicht schon, um die sexuelle Spannung abzubauen. Du brauchst nicht einmal wegzusehen. Jetzt erreichst du eine Phase, in der du deinen Zustand so lange aufrechterhalten kannst, wie du willst. Dieses Gefühl ist wie eine durchdringende Woge der Lust, die nicht aufhören will.

Ab diesem Punkt hast du drei Möglichkeiten: Du kannst die anhaltende Erregung beenden, indem du zur gewohnten Selbstbefriedigung übergehst; du hörst einfach auf, verspürst dabei keinen Zwang abzuspritzen, ohne deshalb unbefriedigt zu sein; zu guter Letzt kannst du auch einfach diese Bewegungen weiterführen. Wenn du dich dafür entscheidest, wirst du feststellen, dass das extreme Lustgefühl, das deinem Orgasmus vorausgeht, eine ganz andere Qualität hat, als nach einer »traditionellen« Masturbation.

VERLÄNGERTE MASTURBATION – OHNE GLEITMITTEL

4. Übung

HIER EINE ÜBUNG für eine langanhaltende, ganz erstaunliche Stimulation.

Du sitzt entspannt und beginnst einfach, dich mit Hilfe einer der Übungen zum Aufbau einer Erektion zu erregen.

Sobald dein Schwanz halbwegs steht, legst du rechten Daumen und Zeigefinger als Ring direkt an den Rand deiner Eichel. Deine linke Hand zieht inzwischen an deinen Eiern. Du fängst an, dich auf klassische Weise zu masturbieren, von oben nach unten, ohne dass aber der Ring, der die Wurzel deiner Eichel umschließt, dabei verrutscht.

Indem du immer gegen den Rand der Eichel stößt, ziehst du deinen Schwanz praktisch in die Länge. Dies ist genau dasselbe Vorgehen wie im ersten Teil dieses Kapitels, wobei hier jedoch die Finger anders platziert sind. Der Ring darf sich höchstens ein, zwei Zentimeter verschieben, nicht mehr. Wichtig ist hierbei, dass sich die Vorhaut nicht bei jeder Bewegung nach oben über die Eichel schiebt; dein Penis wird nur in die Länge gezogen, und jede dieser kurzen Bewegungen endet mit einem Stoß gegen den Rand deiner Eichel, die fast erwürgt und nach oben geschoben wird. Die Erektion nimmt jetzt zu, die ersten wollüstigen Gefühle machen sich breit.

Deine Bewegungen sind von Anfang an langsam und sehr regelmäßig. Bei jeder Aufwärtsbewegung schließt du den Ring noch etwas enger und übst deutlichen Druck aus. Die anderen Finger deiner Hand bleiben geöffnet und berühren deinen Penis nicht.

VERLÄNGERTE MASTURBATION – OHNE GLEITMITTEL

Sobald du eine stärkere Spannung spürst, schließt du den Ring noch viel enger, fast als wolltest du deine Eichel ausquetschen. Dann hältst du kurz inne; einige Sekunden sind schon genug. Mach jetzt weiter, indem du schneller wirst, den Ring jedoch etwas lockerst. Anschließend kannst du wieder langsamer werden und den Ring gleichzeitig enger schließen.

Nun hört deine linke Hand auf, die Hoden zu stimulieren. Du nimmst sie einfach weg und entspannst deinen Arm. Nur noch deine rechte Hand und der Ring der Finger machen weiter wie vorher. Jetzt ist dein Ständer sehr ausgeprägt. Wenn du die Beine anwinkelst, kannst du deine Schenkel noch besser entspannen. Deine Eichel wird immer roter und größer. Du brauchst jetzt nur noch Druckstärke und Geschwindigkeit zu variieren, ohne mit dem Ring den Bewegungsradius zu verändern. Sobald du spürst, dass du kurz davor bist zu kommen, musst du die Wichsgeschwindigkeit auf ein Minimum reduzieren.

Diese Stimulierung mag so betörend wirken, dass dir schwindlig wird. Nunmehr kannst du die sexuelle Erregung beeinflussen, wie du willst, sie verstärken oder abschwächen: Du brauchst nur den Ring so kräftig wie nötig zusammenziehen, dabei deine Beine ganz entspannt lassen, anschließend die Beine ausstrecken und den Druck durch den Ring aus Fingern etwas lösen. Die ersten Lusttröpfchen tauchen auf.

Du hast die so genannte Plateauphase erreicht, einen Zeitraum der sexuellen Reaktion, den du so lange ausdehnen kannst, wie du willst.

Um wieder Lust auf eine Ejakulation zu bekommen, nur um dann doch im rechtzeitigen Moment wieder abzubrechen, wechselst du die Gangart.

Du löst die Finger der rechten Hand von deinem Schwanz und onanierst dich schwungvoll und auf der ganzen Schaftlänge mit der Linken, ohne dabei aber deine Eichel zu bedecken. Das kannst du ziemlich lange treiben, ehe du wieder abbrechen musst.

Die Stimulierung, die du zu Anfang dieser Übung ausgeführt

VERLÄNGERTE MASTURBATION – OHNE GLEITMITTEL

hast, erlaubt dir nun die völlige Kontrolle. Du spürst die Ejakulation kommen und kannst sie jederzeit unterbinden, wenn du es willst.

Außerdem kannst du feststellen, dass deine Erektion ganz solide und dadurch sozusagen standhaft ist. Als Beweis, brauchst du nur die Bewegung deiner Hand unterbrechen: Deine Erektion bleibt mehrere zehn Sekunden unverändert; der »Blutstau« ist perfekt. Jetzt müsstest du schon eine Weile warten, ehe die Erektion allmählich nachlässt.

Du führst jetzt die Masturbation mit der linken Hand fort, diesmal lässt du die Hand aber auch über die Eichel gleiten: das Lustgefühl ist sofort wieder da; ein Gefühl, das du nun aber völlig beherrschst.

Je länger du so weitermachst, desto schwindliger wird dir werden. Du bist wie in Trance; selbst wenn dein Schwanz jetzt irgendwo eindringen würde, du behieltest die völlige Kontrolle über deine Ejakulation.

Diese Erregung kannst du jetzt noch steigern, indem du dich abwechselnd mit der linken und der rechten Hand masturbierst. Sobald du wieder das Verlangen spürst, »fertig zu werden«, ziehe einfach den Ring aus Daumen und Zeigefinger ganz fest zusammen. Nun kannst du auch die schon kommende Ejakulation dominieren: Du drückst so kräftig, als wolltest du den Schwanz zerquetschen. Wenn du gleichzeitig deine Muskeln entspannst, ist die Gefahr vorbei.

Du kannst dich einige Momente beruhigen, kannst deine Hände wegnehmen – dein Penis bleibt stehen.

Du hast jetzt ein so intensives Niveau der Erregung erreicht, dass du es einige Minuten lang aufrecht erhalten möchtest.

Nichts ist einfacher als das: Winkle deine Beine an oder strecke sie aus während du dich weiter befriedigst. Solange du deine Augen geschlossen hältst, wirst du nicht abspritzen.

Sobald du deine Beine ausstreckst, die Muskeln anspannst und deinen Schwanz ansiehst fühlst du, wie »es dir kommt«.

VERLÄNGERTE MASTURBATION – OHNE GLEITMITTEL

Die Entscheidung liegt ganz bei dir. Du spürst deine Beherrschung: Entweder hörst du jetzt einfach auf, und würdest auch dann keine Frustration empfinden – oder du entscheidest dich, sofort zu kommen.

VERLÄNGERTE MASTURBATION – OHNE GLEITMITTEL

5. Übung

DIESE ÜBUNG zur hinauszögernden Masturbation ist besonders dann geeignet, wenn du vor kurzem schon einmal gekommen bist.

Sie ist aus zwei Gründen interessant: Die Erektion kommt sehr schnell, auch wenn der Schwanz vorher klein und lustlos war. Vor allem kannst du deine Selbstbefriedigung hier aber ohne die geringste Unterbrechung so lange weiterführen, wie du willst.

Am günstigsten ist es sicher, ganz entspannt, den Rücken angelehnt, auf einem Sessel oder Sofa zu sitzen.

Ich will hier noch einmal an den größten Fehler vieler Männer erinnern: Sie versuchen krampfhaft, den völlig erschlafften Penis mit ruckartigen Hin- und Herbewegungen zu reanimieren. Das bleibt meist folgenlos.

Viel wirkungsvoller ist in solchen Fällen nicht eine Bewegung, sondern eine »Vibration«.

Im Sitzen klemmst du deine Hoden vollständig oder teilweise zwischen deinen Schenkeln ein, die du, mit ausgestreckten Beinen, gegeneinander drückst.

Du platzierst Daumen und Zeigefinger als Stütze, ohne zu drücken, an der Basis deines Schwanzes. Der Schwanz ruht in der Rechten, deren Finger ihn der Länge nach (von oben nach unten) umschließen. Der Daumen liegt auf der Oberseite. Das Handgelenk ist leicht angewinkelt. Dein Schwanz liegt also, selbst wenn er momentan ganz klein sein sollte, der Länge nach in deiner Hand, parallel zu den Fingern.

VERLÄNGERTE MASTURBATION – OHNE GLEITMITTEL

Durch eine schnelle Schüttelbewegung des Handgelenks bewegst du nun die Finger, die den Schwanz nicht umschließen, immer schneller: Vibrationen von hoher Geschwindigkeit entstehen, die den Schwanz abwechselnd gegen deinen Daumen und die anderen Finger schlagen lassen.

Schon nach einigen Sekunden spürst du erste Resultate: Dein Schwanz wird etwas größer. Während er anwächst, darfst du in keinem fall aufhören. Zur gleichen Zeit üben die Finger der linken Hand durch rhythmisches, nicht zu starkes Drücken Reize auf die Basis deines Schwanzes aus. Streck deine Beine ganz aus, spanne alle Muskeln an, auch deinen Hintern. Unweigerlich erlangt dein Schwanz jetzt einen Zustand, in dem er schon fast steht.

Du platzierst nun die Finger der rechten Hand anders, schließt sie kurz unterhalb der Eichel und setzt die Vibrationen fort, und zwar so schnell du kannst, ohne dabei den Griff zu lockern. Diese Vibrationen berühren jetzt vor allem die Mitte des Schafts, eine Bewegung, die ein wenig an die Schwingungen eines Seils erinnert, das von einer Seite bewegt wird.

Jetzt legst du Finger deiner linken Hand wie einen Ring um die Basis deines Schwanzes, wo du ebenfalls kurze, frottierende Bewegungen anfängst, die von oben nach unten und von der Mitte des Schwanzes zu seiner Basis verlaufen. Nach und nach schließt du immer mehr der Finger deiner linken Hand um die Basis, reibst immer noch etwas stärker. Nach einigem Auf und Ab hast du die ganze linke Hand um die Schwanzwurzel geschlossen.

Anschließend machst du mit diesen beiden Techniken abwechselnd weiter: Vibrationen mit der Rechten und Massage durch die Linke, solange du diese Art Schwingungen weiter erzeugen kannst. Dann änderst du deinen Griff: Jetzt ziehst du deinen Schwanz durch langsame, recht feste Hin- und Herbewegungen in die Länge. Gleichzeitig übt deine Linke jetzt einfach einen gleichmäßigen, recht starken Druck auf die Schwanzbasis aus, ohne sich noch zu bewegen. Sobald die linke Hand zudrückt, zieht die Rechte den Schwanz in die Länge. Dann wechselst du die beiden Stimulatio-

VERLÄNGERTE MASTURBATION – OHNE GLEITMITTEL

nen durch die linke Hand ab, übst je drei-, viermal den Druck aus, dann wieder immer intensivere Massagen.

Nun hättest du eigentlich Lust, auf andere Weise weiterzumachen. Dann los! Aus den Massagebewegungen der Linken werden ganz von allein die typischen Bewegungen der Selbstbefriedigung; gleichzeitig schließt du aber weiterhin die Finger fest um deine Eichel. Dann lässt du sie ganz los. Deine Linke führt die Hin- und Herbewegungen weiter, ohne dabei aber die Eichel zu berühren. Du übst starken Druck auf den Schwanzschaft aus, wobei die Bewegung immer langsamer wird.

Deine Beine, die seit dem Anfang fest zusammengepresst waren, kannst du jetzt leicht spreizen. So werden die Hoden bereit. Du hast jetzt das Gefühl, endlos so weitermachen zu können. Du bist geil, ohne dass dich aber gleich ein übergroßes Lustgefühl übermannt.

Nun öffnest du deine linke Hand etwas, die Berührung wird ganz leicht, die Bewegung gleichzeitig viel schneller. Schon nach wenigen Sekunden wird dir klar, dass du gleich kommen könntest.

Jetzt musst du ruckartig alle Muskeln entspannen, die Bewegung wieder stark verlangsamen und die Hand ganz fest um den Schaft schließen. Nach einer kurzen Pause machst du wieder mit geöffneter Hand und schnellerem Auf und Ab weiter: Gleich nimmt das Lustgefühl wieder zu.

Du kannst auch die Hand wechseln und mit der anderen in einem normalen, ganz gleichmäßigen Rhythmus weitermachen. Seltsamerweise hast du jetzt schon – ohne es gemerkt zu haben – die kritische Phase überstanden.

Jetzt befindest du dich in jener Art Trance-Phase; du spürst nur verschwommen, dass du dabei bist, zu onanieren, doch dein Bewusstsein ist wie eingeschläfert: Die Geste deiner Hand ist fast nicht mehr deine Geste und scheint sich von selbst auszuführen. Neben der sexuellen Befriedigung, ist jetzt dein spürbarstes Gefühl sicherlich Stolz. Stolz, weil du es geschafft hast, auch wenn du vorher vielleicht gemeint hast, es nicht schaffen zu können.

VERLÄNGERTE MASTURBATION – OHNE GLEITMITTEL

Um wieder in jenen ganz besonders intensiven Zustand zu gelangen, der direkt vor der Ejakulation einsetzt, kannst du mit der Linken wieder die beiden oben genannten Stimulationen durchführen. Es ist eine Tatsache, dass sie sich besser mit dieser Hand durchführen lassen. Besser als mit der Rechten, kannst du so deine Lust über längere Zeit noch steigern, und sie aufrechterhalten, so lange du willst.

Nach dem langsamen, festen Masturbieren, nach dem der Wunsch abzuspritzen etwas nachgelassen hat, kannst du allmählich wieder schneller werden, und die Hand auch wieder etwas weiter öffnen. Diese Veränderungen im Rhythmus sollten nie überstürzt werden; du musst die Kontinuität wahren.

Letztendlich erreichst du wieder den Punkt, an dem du eben schon warst, diesmal aber langsamer, so dass du Zeit hattest, dich darauf einzustellen. So erfährst du vor der Ejakulation eine Art Orgasmus.

Es reicht schon, mit den Gedanken etwas abzuschweifen. Wenn du allerdings kommen willst, dann brauchst du dich nur auf deinen Penis zu konzentrieren ....

VERLÄNGERTE MASTURBATION – OHNE GLEITMITTEL

6. Übung

DIESE STIMULIERUNG ist besonders interessant für jene, die von Anfang an einen festeren Griff schätzen.

Hier geht es darum, mit der leicht veränderten klassischen Handbewegung der Masturbation einen Schwanz zum Stehen zu bringen, der schlaff oder müde ist.

Normalerweise ist es bei einer natürlichen Erregung nicht notwendig, den Penis mit Stimulierungen der Hoden zu unterstützen. Ein Penis, der auch nur einigermaßen disponiert ist, braucht keine zusätzliche Hilfe. Meist wird durch diese zusätzlichen Berührungen nur das Lustgefühl überstürzt und die Ejakulation kommt zu früh.

Bei einem völlig schlaffen Penis ist es eher notwendig, die Stimulierungen noch zu vervollständigen. Ob sie sanft oder fest sein sollen, hängt hierbei vom eigenen Geschmack und der augenblicklichen Lust ab.

Wenn du erregt bist, bevor irgendeine Stimulation begonnen wurde, dann ist jede Zärtlichkeit, jede Berührung willkommen. Hier soll es allerdings um das Gegenteil gehen: so lange wie möglich durchzuhalten, den Augenblick immer noch zu verlängern, und nicht eine Spannung in kürzestmöglicher Zeit abzubauen.

Wenn du trotz relativen sexuellen Desinteresses schon nach einigen gewollten Stimulierungen positive Veränderungen spürst, solltest du diese Stimulierungen noch weiterführen und in keinem Fall zu schnell zu einer anderen Stimulation übergehen. Dadurch

VERLÄNGERTE MASTURBATION – OHNE GLEITMITTEL

würdest du den begonnenen Prozess verlangsamen, wenn nicht sogar unterbrechen.

Genau darum soll es hier gehen.

Für diese Übung bleibst du aufrecht stehen, denn schon diese Position allein trägt ihren Teil zum Gelingen bei.

Du spannst die Beinmuskeln an, denn die Berührungen durch die Hand werden durch diese Anspannung in ihrer Wirkung verstärkt. Mit zusammengepressten Beinen kannst du auch die Arschbacken besser zusammendrücken. Die Anspannung dieser Muskeln unterstützt noch die Entstehung der Erektion.

Mit der ganzen linken Hand ergreifst du nun deine Hoden; Daumen und Zeigefinger drücken dabei zu beiden Seiten gegen die Schwanzbasis. Hierbei ist der abgeknickte Daumen wieder sehr viel wirkungsvoller. Beide Finger graben sich in die Schwanzwurzel, während die anderen den Hodensack nach unten ziehen.

Den Daumen der rechten Hand platzierst du auf der Oberseite des Schwanzes. Die Eichel darf nicht ganz freigelegt sein, denn später muss die Vorhaut ohne Probleme darüber gleiten können. Zeige- und Mittelfinger positionierst du an der Unterseite, gegenüber vom Daumen, schön in der Mitte.

Mit diesen drei Fingern fängst du nun die klassische Bewegung der Selbstbefriedigung an, nicht zu sanft, aber auch ohne dabei zu stark zu drücken.

Anfangs bleiben die Finger dabei an ihrem Platz; dass heißt, sie bewegen sich nicht über die Oberfläche, sondern zwingen den Schwanz dazu, immer länger zu werden. Der gesamte Schaft wird dadurch in die Länge gezogen. Anfangs bleibt deine Bewegung mittelmäßig schnell, so als befändest du dich mitten in einem schon fortgeschrittenen Koitus. Die Linke hält dabei den Hodensack und massiert ihn. Daumen und Zeigefinger drücken auch weiterhin. In gleichmäßigen Abständen spannst du die Arschbacken an und entspannst sie gleich wieder. Der Rhythmus dieser Bewegung sollte langsamer sein, als der deiner Masturbation.

In den ersten Sekunden scheinen all diese Bemühungen keiner-

VERLÄNGERTE MASTURBATION – OHNE GLEITMITTEL

lei Effekt zu erzeugen. Du musst jetzt einfach weitermachen, ohne ein Detail zu verändern. Dabei solltest du dir deinen Schwanz anschauen.

Schon nach einigen Sekunden, spätestens nach einer Minute ist eine Reaktion unumgänglich, dein Schwanz wird anwachsen. Nun drückst du immer stärker zu. Vor allem folgendes Detail ist dabei wichtig: Wenn die Finger deiner Rechten den Schwanz in die Länge ziehen, musst du noch fester zugreifen. Die Bewegung kann wie ein Stoß sein, der gegen die Eichel schlägt. Der Effekt wird noch interessanter sein als die jetzt entstehende Erektion. Diese Reizung verschafft das angenehmste Gefühl, kann aber nur funktionieren, wenn der Rhythmus der Masturbation sehr schnell ist.

Während dein Schwanz nach und nach an Größe gewinnt, wird es immer schwieriger, die Finger an der richtigen Position liegen zu lassen. Sie ziehen jetzt schon die Haut von der Eichel zurück. Es wäre noch zu früh, sich jetzt schon auf klassische Weise zu masturbieren, indem die Haut über Eichel und Penis hin und hergeschoben wird. Du veränderst jetzt einfach deinen Zugriff, postierst die Finger etwas weiter hinten, so dass die Haut nicht mehr so angespannt ist. Mach noch eine Weile so weiter – solange, bis du an Grenzen stößt, an denen andere Bewegungen notwendig werden.

Vergiss nicht, mit der Linken weiterhin den Hodensack zu massieren. Die Beine sind angespannt, auch die Pobacken bleiben jetzt ganz fest.

Diese Permanenz dreier unterschiedlicher Reize fühlt jetzt endgültig zur Erektion, wobei aber die Hautbewegung etwas schwieriger wird und fast weh tut. Gib noch nicht nach. Deine Eichel kann noch viel stärker erregt und mit Blut gefüllt werden. Dadurch wird es immer einfacher werden, die Masturbation noch zu verlängern.

Wenn du schließlich zum ersten Mal deine drei Finger wirklich über die Schwanzoberfläche gleiten lässt, ist das Gefühl fast schon unangenehm. Eigentlich würdest du sogar lieber so weitermachen wie bisher. Diese Gefühl hält nicht an. Jetzt masturbierst du dich normal, recht kräftig, nur mit den drei Fingern. Nimm deinen

VERLÄNGERTE MASTURBATION – OHNE GLEITMITTEL

Schwanz auf keinen Fall in die ganze Hand. Nur mit Daumen, Zeige- und Mittelfinger erreichst du jenen überwältigenden Zustand, den du dann so lange auskosten kannst wie du willst.

Du spürst jetzt eine Woge der Wollust, die deine Beine bis zum Schwanz hinaufzurollen scheint, nur um gleich zurückzurollen. Dieses Lustgefühl würdest du gern aufrechterhalten, und das ist nicht schwer: Wenn du deine Oberschenkel jetzt anspannst, wirst du gleich kommen.

Indem du jetzt dein Gewicht auf deine Beine verlagerst, und das nicht angespannte Beine etwas abspreizt, wird das Gefühl, das zur Ejakulation führen könnte, sofort nachlassen, wenn nicht sogar verschwinden. Dabei brauchst du deine Selbstbefriedigung nicht einmal zu unterbrechen. Nach einigen Sekunden stellst du dich wieder fest auf beide Beine. Deine Linke bearbeitet jetzt mit neuer Energie deine Hoden. Wenn du wieder spürst, dass es dir kommt, veränderst du erneut die Position.

Nachdem du drei- oder viermal die Position gewechselt hast, wird das Verlangen immer stärker werden. Du musst jetzt längere Zeit in der entspannten Position verharren. Pass dabei auf, dass du die Position nicht erst wechselst, wenn es schon zu spät ist!

Wenn du direkt vorm Abspritzen bist, stellst du dich wieder entspannt auf Stand- und Spielbein und spannst die Arschbacken ganz fest an: So kannst du das Aufsteigen des Samens sofort abbrechen.

Auf deiner Schwanzspitze tauchen die ersten Lusttröpfchen auf.

Jetzt hast du die Phase hinter dir gelassen, in der die Ejakulation dich überraschen kann. Du kannst sie jetzt zurückhalten, ohne dabei deine Masturbation unterbrechen zu müssen – bis du dich dazu entschließt zu kommen.

VERLÄNGERTE MASTURBATION – OHNE GLEITMITTEL

7. Übung

DU SOLLTEST IMMER viel Zeit haben, wenn du Sex willst, Zeit den anderen zu streicheln, Zeit, dich selbst zu lieben. Zeit zum Masturbieren.

Erst so kann ein wirkliches Lustgefühl entstehen.

Allerdings scheinen nur wenige Männer dies zu wissen. Und wieso können sie sich noch nicht einmal dann etwas Besseres vorstellen, wenn es doch in ihrem eigenen Interesse wäre?

Vielleicht ganz einfach, weil sie immer dachten, dass die sexuelle Erregung, sobald sie einmal erreicht ist, zu übermächtig ist, um sie beherrschen zu können. Deshalb nehmen sie immer den einfachsten, kürzesten Weg. Hierin unterscheidet sich der Mann kaum vom Tier, denn was ihm hier fehlt, ist nicht einmal so sehr die Intelligenz, sondern einfach der Wille. Oder wenn man so will: Seine Intelligenz bringt ihn nicht dazu, in diesen Momenten seinen Willen zu beweisen.

Nur durch den Willen könnte er seine Lust kontrollieren, sie kanalisieren und sich ihr erst dann unterwerfen, wenn er es entscheidet.

Praktisch ausgedrückt: Je länger eine Stimulation anhält und je mehr sie die Sinne reizt, umso länger hält die Erektion an und umso überwältigender ist die Ejakulation. Diese Übung hier soll dir diese Dinge beweisen.

Befolge die Anweisungen ganz genau, dann kannst du lernen, auch deinen Willen zu beherrschen.

VERLÄNGERTE MASTURBATION – OHNE GLEITMITTEL

Von Anfang bis Ende der Stimulation bleibt die ausgeführte Bewegung praktisch identisch. Du stehst aufrecht da, Beine und Hintern entspannt. Wenn du Rechtshänder bist, wird sich deine linke Hand um ihn kümmern, ausgenommen in den letzten Sekunden, wenn du Lust hast abzuspritzen.

Du legst deine Finger folgendermaßen an:

Der Daumen liegt auf der Oberseite, auf der Hälfte zwischen Schwanzmitte und Eichelrand. Die Eichel liegt frei. Die vier anderen Finger liegen, leicht gespreizt, nebeneinander, der Zeigefinger auf Höhe des Bändchens, der kleine Finger ganz unten, dort, wo der Hodensack beginnt, in den er sich fest drückt. Von Anfang an sitzen deine Finger ziemlich fest. Die vier unteren Finger ziehen die Haut so weit es geht nach hinten und bewegen sich dann nicht mehr. Nur dein Daumen schiebt deine Eichel nach vorne, wobei er fest drückt, so dass ein bisschen Vorhaut wieder über den Eichelrand rutscht.

Es ist sehr angenehm, während der ganzen Übung dem Schwanz zuzusehen.

Mit dem Daumen führst du die Hin- und Herbewegung weiter, wobei du deutlich, langsam und regelmäßig gegen den Eichelrand stößt. Du wirst jetzt feststellen, dass deine Eichel sich ziemlich schnell verfärbt und dass auch dein Schwanz größer wird.

Wenn du eine Erektion schon halb erreicht hast, machst du einfach weiter, bewegst nun aber auch die untere Finger – allerdings in die entgegengesetzte Richtung. Der Daumen und die vier anderen Finger bewegen sich also in unterschiedliche Richtungen; das Bändchen wird nach unten gezogen, während der Daumen die Eichel nach oben schiebt. Achte nur darauf, dass die Bewegung der Finger nicht zu simultan wird, denn dies würde zu sehr der klassischen Masturbation ähneln. Wenn du diese Bewegung allerdings so ausführst, wie ich sie beschreibe, kannst du dies eine ganze Zeitlang aushalten, ohne dass du den Wunsch hast, zu früh abzuspritzen.

Wenn du dann merkst, wie dein Verlangen größer wird, darfst

VERLÄNGERTE MASTURBATION – OHNE GLEITMITTEL

du weder Rhythmus noch Druck verändern. Du machst einfach kleinere Bewegungen. Wichtig ist hier auch, dass du sofort deine Augen abwendest. Das reicht dann schon. Dein Verlangen ist wieder kontrollierbar geworden.

Sobald deine Erektion ganz fest ist, solltest du ebenfalls aufpassen, denn wenn du so weitermachst, kann diese Bewegung auch gut zur Ejakulation führen.

Der Vorteil dieser Fingerstellung ist es, dass du schnell ganz fest zudrücken kannst: wenn du es kommen spürst, brauchst du nur deinen Schwanz zusammenzupressen, und in wenigen Sekunden ist die Ejakulation unterbunden, ohne dass dadurch die Intensität deiner Erektion nachlässt.

Sobald du diese Hürde genommen hast, spürst du, dass deine Erektion jetzt dauerhaft ist. Du kannst jetzt für zehn Sekunden und mehr alles unterbrechen, ohne dass dich dein Ständer im Stich lässt. Lass also jetzt Stimulierungen und Pausen einander abwechseln. Jedes Mal wird dein Lustgefühl hinterher noch größer sein, dabei aber immer völlig kontrollierbar.

Du kannst deine Lust jetzt aber auch noch steigern: Lege deine leicht geöffneten Finger so, als würdest du sie auf dem Abzug eines Gewehrs postieren. Deine unteren Finger berühren sich und ziehen immer noch die Haut des Schwanzes, den sie gleichzeitig fest drücken, nach unten. Der Daumen drückt ebenfalls stärker, wodurch der Penis jetzt nach rechts abgeknickt wird.

Wie bei den meisten dieser Stimulierungen, wirst du nicht mehr das Gefühl haben, dass du am Ende der Übung unbedingt kommen musst. Deine Gefühl der Geilheit wird sehr intensiv gewesen sein. Obgleich du nicht abgespritzt hast, wirst du nicht unbefriedigt oder gar frustriert sein. Du könntest sogar zu Recht auf dich stolz sein. Andererseits kannst du natürlich genauso gut abspritzen, denn du hast dir längst bewiesen, dass du dich zurückhalten kannst, wenn du willst.

Da die Lustphase sehr lang gewesen ist, wird dein Orgasmus und die Ejakulation ziemlich umwerfend sein.

VERLÄNGERTE MASTURBATION – OHNE GLEITMITTEL

Du hältst die Hand in der ersten Position und wichst weiter, allerdings mit einer Bewegung, die nur einen ganz kleinen Radius hat, dafür aber sehr schnell ist.

Zwei oder drei Sekunden genügen schon.

Wenn du dir eine noch stärkere Ejakulation wünschst, musst du die Rechte benutzen – allerdings dieselbe Position einnehmen.

VERLÄNGERTE MASTURBATION – OHNE GLEITMITTEL

8. Übung

DIESE ÜBUNG ist vor allem für Männer geeignet, die regelmäßig zu früh kommen – egal, ob sie vorher Erektionsschwierigkeiten haben oder nicht.

Gerade diese Männer müssen ihre sexuellen Empfindungen ganz besonders genau kennen lernen, damit sie ihre überraschenden Ejakulationen beherrschen können.

Üblicherweise wird immer davon ausgegangen, dass solche frühzeitigen Samenergüsse nur beim Ficken stattfinden. Im Zusammenhang mit dem Wichsen ist davon selten die Rede.

Ich bin der Meinung, dass das Problem des frühen Abspritzen gelöst werden kann. Und jenen, die neben dem Ficken auch weiterhin masturbieren, kann es dies sogar beweisen. Denn eben die Masturbation kann hier zur »Heilung« führen. Vorausgesetzt, dass die Betroffenen sich eingestehen, dass die Selbstbefriedigung keine Ersatzlösung ist.

Dise Übung ist doppelt interessant:

Einerseits, weil hier verschiedene Stimulationen ausgeübt werden, und andererseits, weil sie in logischer Folge aufeinander folgen, immer aber nach einer längeren Ruhepause. Anfangs sind die Stimulationen kurz und die Pausen lang, dann kehrt sich das Verhältnis um.

Du stellst dich aufrecht hin. Während der ganzen Übung musst du die Augen auf das richten, was du tust. Dies ist notwendig, damit sich die visuelle Erregung, die dazu führst, bald abspritzen zu

VERLÄNGERTE MASTURBATION – OHNE GLEITMITTEL

wollen, durch die Masturbationstechnik ausgleichst und die Ejakulation hinauszögert.

Wenn du Rechtshänder bist, beginnst du die Stimulation mit der Linken. Du legst nur Daumen, Mittel- und Ringfinger an, und zwar etwas unterhalb der Schwanzmitte, etwas näher am Unterleib. Der Griff muss ganz leicht sein. Durch kurzes Zudrücken schüttelst du den Schwanz von oben nach unten. Da er noch schlaff ist, kann die obere Hälfte deutlich hin- und herschlagen. Die Eichel liegt hierbei natürlich frei.

Der Penis wächst schneller, als du gedacht hättest. Du hörst jetzt nicht auf; die mittelmäßige Geschwindigkeit wird ebenso beibehalten, wie der nur leichte Druck.

Auch wenn der Schwanz schon halb erregt ist, änderst du nichts, drückst jetzt nur mit dem Daumen stärker zu.

Diese Stimulation führst du weiter, solange es geht, denn sie wird die Grundvoraussetzung für ein Abwenden der verfrühten Ejakulation sein. Erstens, weil deine Eichel nur indirekt erregt wird, und zweitens, weil die Partie deines Schwanzes, die du berührst, der unsensibelste Teil ist. Außerdem kannst du mit diesem Reiz über lange Zeit eine Erektion aufrechterhalten, weil er in nichts an das klassische Hin und Her der Selbstbefriedigung erinnert.

Wenn dein Schwanz schließlich ganz hart ist, so dass die Schüttelbewegung ihn nicht mehr abknicken kann, verschiebst du deine Finger weiter nach unten zur Schwanzwurzel hin. Hier wird die Bewegung noch viel schneller. Dein Daumen drückt hierbei doppelt so stark zu wie die Finger an der Unterseite. Der kleine Finger liegt jetzt natürlich neben den anderen Fingern. Die Schüttelbewegung ist jetzt sehr ausgeprägt und fast nervös.

Wenn du dazu neigst, Erektionsschwierigkeiten zu haben, brauchst du nur deine Pobacken sehr stark anzuspannen. Schon dadurch wird die sexuelle Spannung erhöht. Wenn du solche Schwierigkeiten nicht hast, musst du im Gegenteil darauf achten, den Hintern ganz entspannt zu lassen.

VERLÄNGERTE MASTURBATION – OHNE GLEITMITTEL

Die Erektion ist jetzt erreicht: Dein Schwanz schaukelt hin und her, deine Eichel wird dunkel. Die Stimulation musst du mindestens eine Viertelstunde lang fortführen. Du brauchst dabei keine Angst vor einer Ejakulation zu haben. Diese Bewegung fördert ausschließlich den Blutstau im Schaft des Schwanzes, fördert aber keinesfalls das Aufsteigen des Spermas.

Dann hörst du auf und gönnst deinem Schwanz eine Pause von mindestens fünf Minuten.

Sobald diese Zeit vorbei ist, platzierst du deine Finger genauso wie vor der Unterbrechung. Dein Schwanz ist jetzt natürlich weniger hart. Du nimmst nun die Stimulation einfach an dem Punkt wieder auf, an dem du sie unterbrochen hast. Sehr schnell wird er im selben Zustand sein wie eben. Jetzt gleichst du den Druck des Daumens durch einen stärkeren Druck der anderen Finger aus. Gleich hat dein Schwanz wieder eine solide Erektion erreicht. Von beiden Seiten an der Basis festgehalten, schwingt er jetzt in einem weit ausholenden Kreis, gegen den Uhrzeigersinn.

Auch diesen Rhythmus hältst du ein, solange es geht. Dann unterbrichst du wieder, diesmal allerdings genügt schon eine Pause von zwei Minuten.

Du wirst nach dieser Pause feststellen, dass die Erektion weniger stark zurückgegangen ist als vorher. Die erneute Stimulation wirkt auch sehr viel schneller. Wenn dein Glied wieder hart ist, veränderst du die Position deiner Finger an der Unterseite des Schafts: Sie drücken sich nun in den Hodensack, den sie deutlich nach unten ziehen. Nur dein Zeigefinger umschließt noch die Peniswurzel.

Nunmehr führst du dieselbe Bewegung wie eben aus, die Schläge werden jetzt aber sehr kurz, viel eingeschränkter. Die Haut des Schwanzes ist ganz zurückgezogen; das Lustgefühl wird im Schwanz immer stärker, die Eichel ist maximal sensibilisiert.

Auch diese Stimulation solltest du so lange wie möglich fortführen. Auch hierbei brauchst du keine Ejakulation fürchten. Sie kann so nicht auftauchen – und wäre inzwischen ja auch nicht mehr verfrüht.

VERLÄNGERTE MASTURBATION – OHNE GLEITMITTEL

Zu diesem Zeitpunkt kann das Verlangen auftauchen, auf die klassische Weise wichsen zu wollen. Gib dem Wunsch nicht nach. Hör lieber 20, 30 Sekunden lang ganz auf. Deine Erektion wird fest stehen bleiben – bis zu dem Moment, da du wirklich kommen willst.

VERLÄNGERTE MASTURBATION – OHNE GLEITMITTEL

9. Übung

NATÜRLICH IST ES EINFACHER, eine Ejakulation zurückzuhalten, wenn die ausgeführten Bewegungen nicht denen der »klassischen« Masturbation entsprechen. Andererseits gibt es aber auch Techniken, in denen ganz ähnliche Handbewegungen ausgeübt werden.

Die folgende Übung bedient sich dieses uralten Handgriffs.

Auch diese Übung wird im Stehen durchgeführt.

Männer, die zum vorschnellen Ejakulieren neigen, sollten in jedem Fall die Pausen dann machen, wenn sie angegeben sind, auch wenn sie später immer kürzer werden können. Der wichtigste Punkt dieser eher traditionellen Übung liegt nämlich darin, die Erregung so lange wie möglich aufrechtzuerhalten.

Auch alle anderen Hilfsmittel, die schon erwähnt wurden, werden hier angewandt oder nicht: Der Blick richtet sich auf die Handlung oder wendet sich von ihnen ab, die Muskeln werden ent- oder angespannt, die Brustwarzen werden »bearbeitet« oder in Ruhe gelassen.

Diesmal beginnst du die Stimulation ganz, wie es dir gefällt, nach deiner eigenen Methode, oder nach einer der vorher beschriebenen.

Diese Übung beginnt nämlich eigentlich erst, wenn du eine solide Erektion hast und die ersten Wellen der Lust zu spüren sind. Eben dies ist die schönste Phase – weswegen die meisten Männer genau hier alles überstürzen, anstatt sie länger dauern zu lassen.

VERLÄNGERTE MASTURBATION – OHNE GLEITMITTEL

Ein Hinweis an frühzeitige Ejakulierer: Lasst euren Schwanz sofort los, sobald ihr merkt, dass es euch kommt! Eine Sekunde zu viel, und ihr werdet gleich das Nachsehen haben!

Nach einer Pause, die du selbst bestimmst, nimmst du deine Masturbation mit dem klassischen Hin und Her wieder auf und machst so weiter wie jene, die keine Pause gebraucht haben. Vergiss nicht, dass auch die An- oder Entspannung der Pobacken von großer Bedeutung ist. Noch ein Rat für die Voreiligen: Sobald du eine Welle intensiveren Wohlbefindens spürst, die ausgeprägter ist, als die vorigen, musst du sofort den Mut haben, alles zu unterbrechen. Und an alle: Denkt daran, dass eure Ejakulation umso gewaltiger sein wird, je länger ihr eure Erregung in Zaum gehalten habt.

Jetzt folgt die wichtigste Phase, die direkt vor dem *Point of no return* liegt. Wenn deine Beine sich eben noch berührten, spreizt du sie jetzt leicht, etwa einen Fußbreit. Du beugst dich leicht nach vorne, onanierst immer weiter, spannst die Lenden an und stößt den Hintern raus. Vor allem musst du deinen Penis aber nach unten drücken.

Diesmal scheint es so weit zu sein: Du spürst die Spannung plötzlich ansteigen – noch zwei, drei Sekunden mehr, und du kommst!

Ohne aufzuhören, befolgst du folgende Anweisungen:

Du beugst beide Knie um etwa zehn Zentimeter, ziehst Hintern und Bauch ein. Du spannst dabei deine Oberschenkel nicht wirklich an, sondern stützt dich ganz entspannt auf deine Beine. Vor allem – und das ist sehr wichtig hier – musst du deinen Schwanz in der Vertikalen, ganz nah an deinen Bauch halten. Das Gefühl der kommenenden Ejakulation lässt sofort nach.

Jetzt kannst du einfach weitermachen, du bist weit genug vom Abspritzen entfernt.

Um erneut diesen Punkt direkt vor der Ejakulation zu erreichen, stellst du dich so auf wie eben und wiederholst alles. Jedes Mal kannst du dich von der Effektivität dieser Übung verblüffen lassen: Du spielst mit dem Feuer und musst doch deine Masturbation nie unterbrechen. Du hast deine Lust perfekt im Griff.

VERLÄNGERTE MASTURBATION – OHNE GLEITMITTEL

10. Übung

DIE LIEGENDE POSITION ist unzweifelhaft jene, die die größte Entspannung garantiert. Schon dadurch ermöglicht sie dir, lange wichsen zu können und dabei das Lustgefühl vor der Ejakulation hinauszudehnen.

Gerade weil der Körper unbewegt ist, kann er vom rein Körperlichen abstrahieren. In dieser Entspanntheit ist es nicht so schwer, den Willen aufzubringen, rechtzeitig aufhören zu wollen. Schwieriger ist es schon, seine Gedanken abzuschalten.

Du legst dich ganz entspannt hin, spreizt die Beine, weil es dadurch leichter ist, die Beinmuskeln und den Hintern locker zu lassen. Allein diese Position und deine Nacktheit dürften schon genügen, um den Beginn einer Erektion entstehen zu lassen, ohne dass du hierfür noch ausgefeilte Reize anwenden musst. Ab diesem Punkt ist der Wunsch zu kommen meist größer, als der, das Lustgefühl andauern zu lassen. Deshalb würdest du jetzt mit einer gewöhnlichen, alles überstürzenden Masturbation beginnen, die manchmal nur ein paar Sekunden dauert.

Natürlich könntest du so vorgehen, und die ganze Sache einfach in ein, zwei Stunden wiederholen. Wer würde es dir verdenken? Dabei darfst du allerdings nicht vergessen, dass das Lustgefühl beim zweiten Mal, auch wenn es länger anhält, in keinem Fall stärker sein dürfte, als beim ersten Mal: Seine Qualität wird sehr unterschiedlich sein, und die Ejakulation ist in jedem Fall schwächer.

VERLÄNGERTE MASTURBATION – OHNE GLEITMITTEL

Wünschenswert wäre es allerdings, schon beim ersten Mal jene Selbstbeherrschung zu haben, die die meisten Männer erst beim zweiten Mal erreichen. Das schient für viele sehr schwer zu sein.

Sehr wichtig ist auch die Tatsache, dass man schneller abspritzt, wenn man von der Hand eines anderen gewichst wird. Das intensivere Gefühl entsteht hier allerdings eher im Kopf und ist mehr psychisch als physisch bedingt, weil man sich ein Bild vom Geschehen macht.

Deshalb ist es unverzichtbar, dass du diese Übungen allein ausprobierst, damit du dich erst einmal selbst kennen lernst, bevor du den größeren Genuss, masturbiert zu werden, besser und länger auskosten kannst.

Du fängst deine Selbstbefriedigung auf klassische Weise an. Bevor allerdings zum ersten Mal eine Woge der Lust in dir aufsteigt, legst du deine rechte Hand ganz oben an den Penis, direkt auf die Eichel, die nie direkt gerieben wird: Du vollführst jetzt ein kurzes Hin und Her, wobei die Vorhaut die Eichel fast ganz bedeckt. Der Ring aus Zeigefinger und Daumen darf dabei nicht weiter hinunterrutschen als bis zur Eichelfurche. Wenn deine Hand sich nach oben bewegt, muss die ganze Schwanzspitze in deiner Faust verschwinden und so gut wie es geht umschlossen sein.

Deine linke Hand schließt sich jetzt um die untere Hälfte des Schwanzes und übt einen gleichmäßigen, starken Druck aus. Wenn du jetzt darauf achtest, dass dein Schwanz ganz waagerecht steht, wirkt diese Anordnung der Hände wie eine Penetration.

Damit dein Lustgefühl jetzt wieder etwas gebremst wird, übst du bei jeder Bewegung hin zur Spitze einen ziemlich großen Druck aus. Willst du das Gefühl allerdings lieber steigern, brauchst du nur kürzere Hin- und Herbewegungen ausführen, die sich ganz auf die Höhe des Eichelrandes beschränken, der dabei immer von der Vorhaut bedeckt sein soll. Die Eichelspitze darf vorne nicht hervorschauen.

Neben diesen Varianten kannst du außerdem die verschiedenen Möglichkeiten ausprobieren, die eine Veränderung der Geschwindigkeit mit sich bringt: die drückenden Aufwärtsbewegungen

VERLÄNGERTE MASTURBATION – OHNE GLEITMITTEL

führst du sehr langsam aus, kannst dabei sogar das Hin und Her deutlich verlangsamen, während du die kurzen Bewegungen am Eichelrand sehr schnell ausführst.

Auch eine Änderung des Drucks bringt neue Gefühle: Hierfür drückst du stärker, wenn deine Hand sich oben befindet und nur ganz leicht, wenn sie die Eichelwurzel erreicht.

Wenn du spürst, dass deine Lust allmählich immer größer wird, kannst du die linke Hand lockern. Jetzt schließt du nur linken Zeigefinger und Daumen um die Schwanzwurzel und drückst sehr stark zu. Auf diese Weise wird dein Gefühl auf einem erträglichen Niveau gehalten. Solltest du trotz dieser Maßnahme spüren, dass es dir gleich kommt, musst du kurz alles unterbrechen und deinen Schwanz zu deinem Bauch biegen. Gleich wird der Wunsch zu ejakulieren nachlassen.

Du wirst inzwischen festgestellt haben, dass deine Erektion sehr solide ist: Je länger du wichst, desto intensiver ist nämlich der Blutstau im Schaft.

Auch hier kann das Gehirn eine bestimmende Rolle übernehmen. Sobald du erst einmal den *Point of no return* gestreift und hinter dir gelassen hast, kannst du die Plateauphase fast endlos verlängern – wenn du in der Lage bist, Körper und Geist voneinander zu trennen. Ganz konkret heißt das, dass deine Hand dich jetzt fast wie von allein befriedigen sollte, während deine Gedanken nicht einmal bei der Sache sind. Du darfst in keinem Fall an das denken, was zu gerade machst, stell dir jetzt auch keine wirklichen oder erträumten Partner und keine Bilder von Sexpraktiken vor. Nur wenn dir dies gelingt, erreichst du jenen Zustand der Trance, wo dein Gehirn, ohne von anderen Reizen abgelenkt zu werden, nur noch die Stimuli aufnimmt, die von deinem Schwanz ausgehen. Diese Reize allein werden dich nicht zur Ejakulation treiben – was dich zum Abspritzen bringt ist nämlich viel eher die Erinnerung an eine frühere Ejakulation.

Diese Möglichkeit, das Lustgefühl völlig von den Empfindungen zu trennen und es auf diese Weise so lange fortzusetzen wie du

VERLÄNGERTE MASTURBATION – OHNE GLEITMITTEL

möchtest, besteht natürlich auch, wenn du durch die Hand eines anderen befriedigt wirst. Es genügt allerdings, dass dir hierbei nur ganz kurz klar wird, was du tust – und fast augenblicklich wird es dir kommen!

VERLÄNGERTE MASTURBATION – OHNE GLEITMITTEL

11. Übung

DIESE ÜBUNG ist fast wie eine Fortsetzung der vorigen. Solltest du diese mit einer Ejakulation beendet haben, kannst du schon nach einer Stunde wieder Lust haben. Du kannst sogar ein zweites Mal kommen. Nachdem du eine Erektion erreicht hast, ist es in diesem Fall natürlich viel leichter, den Erregungszustand lange Zeit aufrechtzuerhalten.

Das größere »Problem« könnte in diesem Fall aber die Erektion an sich sein. In den meisten Fällen genügt schon ein kleiner Reiz, um wieder einen Ständer zu bekommen. Doch manchmal scheint der Schwanz nach einer Befriedigung überhaupt nicht mehr ansprechbar zu sein. Völlig apathisch will er nur seine Ruhe, während es dein Wunsch ist, gern noch einmal zu kommen.

Ich wiederhole hier, was schon gesagt wurde: er bringt überhaupt nichts, an einem Schwanz, der schon einmal gekommen ist und jetzt völlig schlaff daliegt, die klassischen Selbstbefriedigungs-Bewegungen auszuüben. Alles spricht dafür, dass du auf diese Weise nur das Gegenteil erreichst.

In diesem Fall ist ein indirekter Reiz, der nicht mit direkten Berührungen arbeitet, viel effektiver. Eine psychische Stimulation bringt fast immer sofortige Reaktionen: wenn du allein bist, helfen Pornos.

Du kannst das Funktionieren der Auswirkung psychischer Reize auf dein körperliches Funktionieren auch ganz einfach überprüfen, indem du dich nicht als Voyeur betätigst, sondern ein bisschen als

VERLÄNGERTE MASTURBATION – OHNE GLEITMITTEL

Exhibitionist. Damit meine ich nicht die Erregung öffentlichen Ärgernisses, denn du bist ja bei dir zu Hause und sollst dich auch nicht nackt auf den Balkon stellen. Doch allein die Vorstellung, dass man dich von einem gegenüberliegenden Fenster aus nackt sehen könnte, genügt um den Prozess in Gang zu setzen: Du bist jetzt nicht mehr Zuschauer, sondern selbst Akteur – zwei Aspekte visueller Reize, die auf gleiche Weise funktionieren wie, auf anderem Niveau, Sadismus und Masochismus.

Jetzt brauchst du dich in deiner Nacktheit nur ein bisschen zu streicheln, und schon erreichst du, was ein direktes Vorgehen mit der Hand bestimmt nicht geschafft hätte.

Wieder liegst du auf deinem Bett und platzierst, nachdem du die Vorhaut zurückgezogen hast, Daumen und Zeigefinger an der Schwanzwurzel. Sie drücken ganz nach unten, fast als wollten sie den ganzen Schwanz versenken. Dein Schwanz wirkt jetzt ganz nackt, und selbst wenn er noch schlaff sein sollte, steht er auf diese Weise aufrecht da. Ohne deine Finger zu bewegen, führst du jetzt mit ihnen eine ruckartige Bewegung von hinten nach vorne aus, die den Schwanz wie in rhythmischen Stößen bewegt. Immer noch ziehst du dabei die ganze Haut deines Schwanzes fest nach unten. Auf diese Weise erreichst du jetzt allmählich den Anfang einer Erektion – allerdings nur, wenn deine Bewegungen sehr gleichmäßig bleiben.

Wenn du etwa auf halbem Weg zwischen der anfänglichen Schlaffheit und einer ganzen Erektion bist, kannst du dich nach der klassischen Methode masturbieren. Dabei gehst du sehr langsam vor und achtest darauf, dass der Druck sich nunmehr nicht mehr nach unten richtet, sondern im Gegenteil nach oben. Das heißt, du drückst deinen Schwanz stärker, wenn deine Hand zur Eichel wandert. Kurz bevor du die Eichel erreichst, stoppst du die Bewegung. Die Vorhaut darf die Eichel dabei noch nicht berühren. Selbst wenn deine Erektion immer stärker wird, kannst du das jetzt eine ganze Weile weitermachen, ohne dass du dabei Lust hast, dich kräftiger zu masturbieren. Du darfst nichts überstürzen, im Gegenteil: koste

VERLÄNGERTE MASTURBATION – OHNE GLEITMITTEL

diesen sehr schönen Zustand ganz aus und nutze ihn dazu, deine Erregung immer noch zu steigern.

Wenn du so weitermachst, könntest du jetzt bald einen zweiten Orgasmus erleben. Mit folgender Bewegung dürftest du deinen Genuss allerdings noch deutlich verlängern können:

Es ist nicht ganz einfach, diese Technik zu erlernen. Hierzu ist eine ziemlich große Geschicklichkeit und Gelenkigkeit notwendig, die du nicht gleich anfangs haben wirst. Doch selbst, wenn dir die Übung anfangs nicht ganz gelingt und der Reiz sich nicht voll entfaltet, wirst du schon spüren, wie außergewöhnlich stark er ist; du wirst abspritzen, ehe du dich versiehst.

Lege also Daumen und Zeigefinger als Ring direkt an die Unterseite der Eichel, berühre aber nicht ihren Rand. Die Finger liegen auf der zurückgezogenen Vorhaut. Bevor du die Finger dort fest platzierst, »drehst« du die Vorhaut rings um die Eichel: Du schiebst die Vorhaut direkt unterhalb des Eichelrands so weit du kannst von links nach rechts und hältst sie so fest. Die ganze weitere Reizung wird ausschließlich mit Hilfe der rechten Hand ausgeübt.

Schon jetzt, kaum dass du die Finger fest auf der verschobenen Vorhaut platziert hast, füllt sich deine Eichel mit Blut. Sie sieht fast so aus, als würdest du sie würgen. Ab jetzt bewegen sich diese beiden Finger nicht mehr. Sie begnügen sich damit, an ihrem Platz einen mittelstarken Druck auszuüben. Du öffnest deine Hand. Die drei anderen Finger sind ausgestreckt. Bei Folgendem musst du dir darüber klar sein, dass es gar nicht so schwer ist, den Reiz auszuüben. Viel schwerer wird es sein, ihm standzuhalten.

Dein Ellenbogen stützt sich nirgends auf. Mit deinem Handgelenk und dem Unterarm erzeugst du nun eine sehr schnelle rotierende Bewegung mit ganz kleinem Radius, immer rings um die Achse des Schwanzes. Mit deinen ausgestreckten Fingern, die jetzt gegen den Penis schlagen, erhöhst du noch den Reiz.

Der ausgeübte Reiz erinnert etwas an die Stimulation aus einer vorangegangenen Übung, doch hier sind die Finger ganz anders positioniert, und der Ellenbogen bleibt hier völlig ohne Stütze.

VERLÄNGERTE MASTURBATION – OHNE GLEITMITTEL

Das Verlangen zu kommen, wird bald überwältigend: Wenn du nicht aufpasst, genügen schon zwei oder drei Sekunden – vor allem wenn du es zulässt, dass dein Gehirn sich von dieser völlig ungewohnten Stimulation beeindrucken lässt.

Damit du die Möglichkeit hast, dich an diese Lust vor der Ejakulation zu gewöhnen, und diese Phase noch länger zu ertragen, musst du unbedingt dein Gehirn »abschalten« und völlig vergessen, was deine Finger gerade tun. Außerdem musst du alle Muskeln völlig entspannen und dich in einen Zustand der Schwerelosigkeit bringen.

Diesen wirklich erstaunlichen Kunstgriff kannst du sogar nutzen, um mit ebenso starken Empfindungen noch ein drittes Mal zu kommen. Erst, wenn du völlig übersättigt bist, wird er nicht mehr funktionieren!

VERLÄNGERTE MASTURBATION – MIT GLEITMITTEL

12. Übung

BEVOR ICH dieses abschließende Kapitel zur trockenen Masturbation beginne, möchte ich etwas noch einmal wiederholen: Beim Penis ist die Zone mit der allergrößten Sensibilität der Eichelrand. Genauer: Beim erigierten Penis ist es jene Seite des Eichelrandes, an die die zurückgezogene Vorhaut stößt. Das ist wichtig, um sich darüber klar zu werden, dass – neben den Faktoren wie Psyche oder unterschiedliche Techniken bei der Masturbation – eben diese Zone bestimmend dafür ist, ob jemand zum vorschnellen Abspritzen neigt oder nicht, ob seine Plateauphase kurz oder länger anhält und die Ejakulation beschleunigt wird.

Die Hand, vor allem die Innenseite des Daumens, die immer wieder über den Eichelrand streift, erzeugt trotz des Schutzes durch die Vorhaut, eine übergroße Erregung, durch die die Masturbation – und damit die Phase wirklicher Lust – verkürzt wird. Im Gegensatz dazu, wird jene Hand, die sich genau unterhalb des Eichelrandes zu stoppen weiß, eine Erektion aufrechterhalten können, gleichzeitig aber auch das Lustgefühl ausdehnen und die Ejakulation hinauszögern. Erst in jenem Trancezustand, den ich jetzt erklären werde, sind diese Vorsichtsmaßnahmen nicht mehr nötig.

Die Übung, die ich dir jetzt vorschlage, ist sicher die raffinierteste, die schwierigste – vor allem aber auch die effektivste.

Wieder liegst du mit entspanntem Körper auf dem Rücken auf deinem Bett. Deine Beine hast du etwas gespreizt. Den Zustand der Erregung kannst du hier so erreichen, wie du möchtest: mit

VERLÄNGERTE MASTURBATION – OHNE GLEITMITTEL

einfachen Mitteln, wenn du meinst, dass dies genügt, oder mit den Mitteln einer der Übungen des ersten Kapitels, wenn du das Gefühl hast, nicht leicht erregbar zu sein.

Sobald du eine Erektion hast, masturbierst du dich ganz regelmäßig, ganz langsam, ohne deinen Schwanz zu sehr zu drücken, vor allem aber mit der linken Hand und ohne jemals deine Eichel zu berühren. Die Bewegung muss ganz kurz sein und immer direkt unterhalb der Eichel aufhören.

Gleichzeitig musst du darauf achten, dass deine Gedanken sich nicht mit dem beschäftigen, was du tust. Du darfst an nichts Besonderes denken. Dazu schließt du am besten die Augen. Vergiss nicht, dass ein Blick von ein oder zwei Sekunden auf deinen erigierten Schwanz mehr bewirkt, als zwei Minuten Masturbation mit geschlossenen Augen. Vor allem anfangs ist dies sehr wichtig, wenn du nicht die Kontrolle verlieren willst. Kaum etwas ist schwerer zurückzuhalten, als der zum ersten Mal aufsteigende Samen. Schon deshalb solltest du deine Handbewegungen nicht noch zusätzlich durch optische Reize anstacheln.

Ein einfacher Trick, der dir hilft, an nichts besonderes mehr zu denken, besteht darin, den Kopf nicht zu bewegen und sich vorzustellen, dass du ihn langsam hin- und herdrehst. Konzentriere dich ganz auf die fiktive Ausführung dieser Bewegung, die dich beruhigt und von den Taten deiner Hand ablenkt. Du darfst diesen Gedanken jetzt nur nicht unterbrechen, dann erreichst du jenen »Abstand« zu den Empfindungen, die dich bald bestürmen werden. Und erst dieser Abstand macht es dir möglich, all diesen Empfindungen zu widerstehen.

Sobald du merkst, dass du kurz vor dem Abspritzen stehst – also nur zwei, drei Sekunden davor – konzentrierst du dich noch mehr auf dein Inneres. Du schließt die Lider ganz fest und hältst den Atem an. Gleichzeitig wichst du weiter, jetzt aber etwas weiter unten am Schaft, näher an der Wurzel. Gleich wird das Verlangen nachlassen. Wenn das nicht gleich funktioniert, »quetschst« du deinen Schwanz ab. Danach kannst du so weitermachen wie vorher,

VERLÄNGERTE MASTURBATION – OHNE GLEITMITTEL

bis die nächste Woge aufsteigt, die du genauso aufhältst wie gerade eben. Nach den nächsten zwei, drei Alarmsignalen kannst du die andere Hand nehmen, die Hände ab dann auch abwechseln, dich dann wieder ausschließlich mit dem Ring aus Zeigefinger und Daumen masturbieren. Du kannst die Pobacken an- und entspannen, die Bauch- und Brustmuskulatur auch, gleichzeitig stärker wichsen, so dass dein Schwanz sich anfühlt, als würde er fast losgerissen. Dann entspannst du dich wieder und masturbierst langsamer und mit weniger Druck, wobei du dich ganz auf den unteren Teil deines Schwanzes beschränkst.

Die ersten Lusttröpfchen müssten aufgetaucht sein. Du kannst jetzt sogar eine kurze oder längere Pause machen: Deine Erektion wird nicht nachlassen. Wenn du den Schwanz nach der Pause wieder berührst, wirst du erstaunt sein, wie leicht du den sexuellen Druck jetzt aufrechterhalten und dominieren kannst. Dein Schwanz scheint jetzt eine leicht stechende Starre zu erreichen. Du kannst jetzt darauf verzichten, deine Gedanken von deinen Handbewegungen abzulenken. Du schwebst; das, was geschieht, geht an dir vorbei, obwohl du es ganz überdeutlich wahrnimmst.

Jetzt erreichst du den Punkt, an dem du selbst den »gesteuerten« Automatismus deiner Masturbation nicht mehr spürst. In diesem Zustand scheint die masturbierende Hand nicht mehr dir zu gehören.

Manchmal empfindest du in diesem Zustand die Wirklichkeit deiner Handlung und das Anhalten der Erregung nur, weil deine Hoden wie erstarrt sind. Die Lust verursacht dir ein Schwindelgefühl. Wenn du jetzt deine Gedanken wieder auf das richtest, was du tust, und gleichzeitig deine Masturbation intensivierst, scheint dein Orgasmus gar nicht mehr aufhören zu wollen.

Über eine zeitlich nicht begrenzte Plateauphase, die nur entstehen konnte, weil du dein Gehirn »abgeschaltet« hast, hast du jetzt erfahren, dass ein permanent erhaltener Höhepunkt nicht mit dem kurzen Orgasmus bei der Ejakulation zu tun hat.

Verlängerte Masturbation
mit Gleitmittel

VERLÄNGERTE MASTURBATION – MIT GLEITMITTEL

1. Übung

ANDERS ALS MASTURBATION am trockenen Penis, die sich wohl bei allen großer Beliebtheit erfreut, ist die Masturbation mit Gleitmittel nicht jedermanns Sache.

Die Empfindungen, die sie auslöst, werden von einigen als unangenehm empfunden, von anderen als das Allerschönste überhaupt. Die einen fühlen sich bei einem solchen Vorgehen bald unwohl und wollen nur aufhören, für andere besteht gar kein Unterschied zwischen dieser Art sich zu masturbieren und irgendeiner anderen. Wieder andere empfinden das onanieren mit Creme oder Öl als Highlight.

Der Grund für diese recht unterschiedlichen Empfindungen ist im Wesentlichen ein rein »mechanischer«.

Bei der Selbstbefriedigung mit Gleitmittel gleitet die Hand direkt über die ungeschützte Eichel, die von der Vorhaut nicht mehr, wie sonst üblich, geschützt wird. Die unmittelbare Erregung durch das Reiben kann die Eichel überstark sensibilisieren, so dass bald eine Irritation entsteht, die fast schon schmerzhaft ist. Andere, vor allem die Männer, für die das Gleitmittel neu ist, werden spüren, dass seine Benutzung ihre Lust nicht erhöht oder länger anhalten lässt, sondern im Gegenteil, zu einer ungewohnt frühen Ejakulation führt. Ihnen sei gesagt, dass man sich erst nach einiger Übung an dieses neue Gefühl gewöhnt. All jene, denen die Empfindungen eher unangenehm sind, sollten es mehr als einmal versuchen.

VERLÄNGERTE MASTURBATION – MIT GLEITMITTEL

Für viele Männer ist es unmöglich, sich mit Gleitmittel länger als ein, zwei Minuten zurückzuhalten; schon einige Stoßbewegungen genügen, um sie kommen zu lassen. Die folgenden Übungen zur sind hier die beste »Therapie«: Jeder kann sich selbst davon überzeugen, dass die Hand gehorcht, wenn der Kopf es wirklich will. Wenn man sich diese Tatsache immer wieder bewusst macht, kann jeder die Form der Stimulation so verändern, wie er es sich wünscht, um seine Lust ganz langsam anwachsen zu lassen. Das lässt sich natürlich von einem Schwanz oder einem Hintern nicht behaupten, deren erotische Kraft viel stärker wirken, als die Hand bei der Masturbation.

Andererseits – und das ist ein gerechter Ausgleich – ist eine Hand ein viel raffinierteres Werkzeug als ein Hintern. Nur mit der Hand kannst du, während der folgenden Übungen, zum Beispiel die Schwanzspitze völlig ignorieren, sie nicht einmal berühren – was beim Analverkehr natürlich unmöglich ist.

Du kannst das Gleitmittel ganz einfach direkt auftragen, egal ob im schlaffen Zustand oder nach Erreichen der Erektion. Günstig ist Mandelöl, das nur leicht parfümiert ist.

Du liegst wieder vollkommen entspannt, deine Beine sind leicht gespreizt. Jetzt ölst du dein Geschlecht von oben bis unten ein, lässt auch die Hoden und die Schamhaare nicht aus. Lieber nimmst du zu viel als zu wenig.

Mit deinen beiden ebenfalls eingeölten Händen massierst du ganz sanft und gleichmäßig.

Keinesfalls solltest du jetzt eine gleichmäßige Wichsbewegung anfangen: Hier geht es vor allem darum, einen universellen Reiz auszusenden, der sich nirgendwo besonders konzentrieren soll. Bald wirst du eine kräftige Erektion haben. Verzichte auch jetzt auf jegliche Hin- und Herbewegung, sondern massiere lieber weiterhin mit der ganzen Handfläche, berühre den Schwanz, die Eier, streiche darüber, umschließe sie.

Diese Handgriffe sind sehr sinnlich. Komischerweise wirst du das Gefühl haben, dass dein Schwanz viel größer ist. So könntest

VERLÄNGERTE MASTURBATION – MIT GLEITMITTEL

du jetzt eine Stunde weitermachen und die ganze Zeit eine starke und völlig von dir beherrschte Lust spüren. Überhaupt ist das einer der größten Vorteile der Masturbation mit Gleitmittel: Es ist leichter, starke und sanftere Berührungen auszuführen, die den Schwanz erigiert halten, ohne dass man gleich das Verlangen hat, schneller vorzugehen.

Vergiss jetzt nicht, was in den letzten Übungen über das Entspanntsein deiner Muskeln, die Konzentration und deinen Blick gesagt wurde, der eher nach Innen, als auf deinen Schwanz gerichtet sein sollte. Letzte Sicherheitsvorkehrung: Wenn du so lange wie möglich so weitermachen willst, müssen die Beine in ihrer entspannten Ausgangsposition bleiben.

Hier nun einige Stimulationen, die du alle einmal ausprobieren kannst. Die Reihenfolge ist dabei dir überlassen und hängt ganz davon ab, ob du deine Lust noch steigern, oder sie im Gegenteil etwas drosseln willst:

Deine Hände gleiten abwechselnd und fest geschlossen über den Schwanzschaft, gehen dabei aber immer von der Basis aus und landen schließlich bei der Eichel, die in diesem Fall natürlich ganz von der Vorhaut bedeckt wird. Du führst also nur die Aufwärtsbewegung der klassischen Selbstbefriedigung durch; nur etwa alle zehnmal streifst du einmal von oben nach unten. Danach wichst du deinen Schwanz ganz leicht, ohne aber die Eichel zu berühren: Nur deine Hand bewegt sich über die Haut des Schwanzes. Die Haut selbst bleibt unbewegt. Hierfür nimmst du abwechselnd die Rechte und die Linke, gleichzeitig kannst du mit der anderen Hand deine Eier massieren.

Oder du legst deinen linken Daumen auf die Oberseite des Schwanzes, ganz weit unten an seiner Basis und drückst sehr kräftig, wodurch du den Penis in die Horizontale bringst. Mit der Rechten masturbierst du dich jetzt ganz langsam, so stark diesmal, dass sich auch die Haut mit der Hand bewegt. Anfangs hörst du unterhalb der Eichel auf, später kannst du sie teilweise in die Bewegung einschließen. Aber pass auf, dass du nicht gleich kommst!

VERLÄNGERTE MASTURBATION – MIT GLEITMITTEL

Auch hier darfst du die bisherigen Ratschläge nicht vergessen: Wenn du spürst, dass es dir kommt, musst du den Willen und die Kraft haben, einfach alle Bewegungen sofort zu unterbrechen. Deine Erektion wird darunter nicht leiden, sie kann sehr lange so stehen bleiben. Wenn du dann weitermachst, wirst du erfreut feststellen, wie gut du die verschiedenen Reize erträgst, ohne gleich wieder kommen zu wollen. Der »Spuk« scheint vorbei zu sein.

Jetzt kannst du die Handgriffe vom Anfang dieser Übung wieder aufnehmen: die Aufwärtsbewegung, von der Basis zur Eichel. Je weiter deine Erregung jetzt aber ansteigt, desto öfter wiederholst du eine Abwärtsbewegung, bei der du allerdings die Haut am Schwanz nicht zu sehr bewegen solltest. Am Ende löst du Aufwärts- und Abwärtsbewegungen regelmäßig ab.

Sobald diese Bewegungen ganz regelmäßig geworden sind und du das Gefühl hast, die Erregung nun relativ leicht kontrollieren zu können, nimmst du deine Hoden in die Hand. Die Haut des Schwanzes soll dabei deutlich nach unten gezogen werden. Mit der anderen Hand setzt du die Masturbation auf der ganzen Länge des Schwanzes – einschließlich Eichel – fort. Du veränderst jetzt nur von Zeit zu Zeit die Geschwindigkeit und den Druck. Ebenso gut kannst du jetzt auch eine Pause machen, die andere Hand nehmen oder die Erregung etwas drosseln, indem du andere Stimulationen ausübst, die vielleicht leichter zu ertragen sind. In jedem Fall bist du jetzt absolut in der Lage, deinen Instinkt zu dominieren: Du kannst jetzt deine Erregung völlig selber steuern und sie deshalb ganz auskosten.

VERLÄNGERTE MASTURBATION – MIT GLEITMITTEL

2. Übung

DIESE ÜBUNG zur Masturbation mit Gleitmittel, die du am besten liegend ausprobierst, bietet dir einige Stimulationen und Handbewegungen, die ganz besonders raffiniert sind.

Wenn du allerdings die vorangegangen Übungen nicht wirklich genau und strikt befolgt und sie zu einem befriedigenden Ergebnis geführt hast, wird diese Übung gar nicht erst von Erfolg gekrönt werden.

Hier soll es nicht nur um die Entspannung der Muskeln und das Ablenken der Gedanken gehen, die du jetzt allmählich schon kennst, hier soll es auch um »technische Mechanismen« gehen, die besonders ausgefallen und vor allem sehr erregend sind.

Der Anfang dieser Übung ist identisch mit dem der vorangegangenen. Es ist günstiger, das Öl schon aufzutragen, wenn dein Schwanz noch schlaff ist. Anschließend provozierst du mit ziemlich festen Griffen, Massagen, Ziehen an den Eiern, eine Erektion. Dies ist in jedem Fall besser, als einfach die typischen Bewegungen der Selbstbefriedigung zur Hilfe zu nehmen.

Achte darauf, dass deine Haltung ganz entspannt ist: Die Beine sind leicht gespreizt, die Augen bleiben bis zum Ende der Übung geschlossen. Und vergiss nicht, wie wichtig dein »geistiger Abstand« zum Geschehen ist.

Du greifst mit linkem Daumen und Zeigefinger an deinen Schwanz genau auf der Mitte zwischen Wurzel und Eichel. Beide Finger sind gestreckt. Rechter Daumen und Zeigefinger greifen von

VERLÄNGERTE MASTURBATION – MIT GLEITMITTEL

der anderen Seite und liegen in derselben Position. Alle Finger umschließen den Schwanz jetzt wie zwei Zangen.

Nunmehr führst du gleichzeitig zwei gegenläufige Bewegungen aus: Die linke »Zange« führt im Uhrzeigersinn Kreisbewegungen in der Horizontalen aus, die Rechte in die Gegenrichtung. Die Linke wandert dann von der Mitte nach oben, bis zum Eichelrand.

Anfangs sind diese Bewegungen sehr langsam und gleichmäßig, du drückst auch nicht sehr stark. Auf diese Weise kannst du deine kräftige, sozusagen endgültige Erektion erhalten. Du kannst so lange weitermachen, wie du willst, denn es wird nichts geschehen – außer, dass du dich immer geiler wirst. Du wirst auch in deiner Erregung nicht weitergehen wollen. Später erhöhst du nach und nach den Druck deiner Finger: Sie wirken jetzt wie ein doppelter Schraubstock, der den Schwanz einklemmt und dadurch deine Erregung noch steigert. Von Zeit zu Zeit wechselst du die Richtung der Bewegung deiner Finger, wirst langsamer oder drückst weniger stark zu. Dann wirst du wieder schneller, drückst stärker.

Nach einer Weile kannst du diese erste erregende Bewegung noch verfeinern, indem du sie nun mit der linken Hand, in Höhe der Schwanzwurzel weiterführst und mit Daumen und Zeigefinger der Rechten auf die klassische Art und Weise langsam weiterwichst.

Nach und nach verstärkst du den Druck der rechten Hand, während jetzt deine Linke weitermasturbiert.

Genau in diesem Moment kommt die dritte Stimulation ins Spiel, die ebenfalls nicht ganz einfach auszuführen ist.

Mit der ganzen Linken masturbierst du deinen Schwanz. Die Rechte macht dasselbe, allerdings nur mit dem Ring aus Daumen und Zeigefinger. Die Linke geht dabei von der Schwanzwurzel aus und geht nicht weiter, als bis zur Eichelfurche. Der Ring geht von der Mitte aus und bewegt sich bis zur Schwanzspitze.

Beide Bewegungen werden in dieselben Richtung vollzogen, allerdings zeitlich leicht verzögert: Wenn deine linke Hand ganz unten ankommt, hat der Ring die Abwärtsbewegung gerade erst begonnen, und umgekehrt. Das Ganze führst du ohne Pausen und

VERLÄNGERTE MASTURBATION – MIT GLEITMITTEL

ganz regelmäßig durch. Auch hier erhöhst du nach einigen Minuten den Druck beider Hände, kannst aber auch den Druck des Ringes oder der Hand steuern.

Jetzt spürst du das Verlangen zu kommen: Mit beiden Händen, die sich jetzt parallel zum Schwanz befinden, gleitest du in Richtung Hodensack hinunter. Dabei sind vor allem die Mittelfinger sehr beharrlich und schieben sich bis unter die Eier, um gleich anschließend wieder bis zur Eichel zurückzufahren. Die Daumen bleiben auf der Oberseite und führen dieselbe Bewegung von oben nach unten aus, die sie recht oft wiederholen. Gleich sollte der Druck nachlassen.

Du kannst nun mehrere Male deine Selbstbefriedigung wieder aufnehmen und sie jedes Mal, wenn du der Ejakulation zu nahe kommst, durch den selben Prozess wieder unterbrechen. Dabei kannst du natürlich Rhythmus und Druck ganz nach Belieben variieren.

Dies ist der Moment, zur ersten Bewegung zurückzukehren, die du diesmal aber mit größerer Energie und etwas ruckweise ausführst. Anschließend greifst du auf die vorangegangene Wichsart zurück, aus der nun allmählich eine Bewegung mit der ganzen rechten Hand wird, die über den gesamten Schaft einschließlich Eichel gleitet, während die Linke die Haut des Schwanzes zurückzieht, indem sie sich fest um die Hoden schließt. Solltest du wieder den Samen aufsteigen fühlen, wendest du das eben erklärte Vorgehen an, und das Verlangen lässt nach.

Nichts hindert dich jetzt daran, so weiterzumachen, wie du es dir wünschst, entweder, indem du eben erklärten Bewegungen wieder aufnimmst oder beschließt abzuspritzen.

Abschließend noch eine Bewegung, die dich völlig schaffen wird!

Schließe die Finger deiner Linken so fest um die Hoden, dass du die Haut des Schwanzes so weit wie möglich nach unten ziehen kannst. Jetzt legst du den Ring der beiden ersten Finger der Rechten an deine Schwanzbasis, indem du das Handgelenk abknickst und den Ring verkehrt herum anlegst. Dabei schließen sich die

VERLÄNGERTE MASTURBATION – MIT GLEITMITTEL

anderen Finger automatisch um den Schaft. Jetzt masturbierst du dich, indem du den Ring bei der Aufwärtsbewegung jedes Mal von links nach rechts halb herum drehst. Dabei erhöhst du immer den Druck, vor allem, wenn du den Eichelrand erreichst. Wenn du zur Basis zurückgehst, führst du die Drehung in umgekehrter Richtung durch.

VERLÄNGERTE MASTURBATION – MIT GLEITMITTEL

3. Übung

DIESE UND DIE die nächste Übung beschreiben wohl die ausgeklügeltste Form der Selbstbefriedigung überhaupt.

Damit das Ausprobieren leichter wird, habe ich diese Technik in zwei Übungen aufgeteilt. Wenn du sie aber »ertragen« kannst, solltest du beide Übungen ruhig direkt aufeinander folgen lassen.

Im Grunde sind diese beiden Übungen die Essenz der transzendierenden Masturbation: in ihnen ist sozusagen dieses ganze Buch komprimiert.

Wer allerdings elementare Sexualität mit einer höhern Form verbinden will, muss erst einmal die verschiedenen Lehr-Stadien der vorangegangenen Kapitel durchlaufen: Nur sehr, sehr wenige Männer wären ohne jede Vorbereitung in der Lage, sich selbst, unmittelbar vor dem Höhepunkt, Liebkosungen mit einer so unglaublichen Wirkung zukommen zu lassen.

Nur als Vergleich: Zwei Stunden mit dieser Masturbation zu verbringen, ist überhaupt nichts Außergewöhnliches – und das ist noch nicht einmal die Grenze des Möglichen. Du siehst: das hat nicht sehr viel mit den paar Minuten zu tun, die du normalerweise mit der Selbstbefriedigung verbringst.

Diese beiden Übungen umschließen Manipulationen, die sich strikt aufeinander aufbauen. Wenn du sie in einer anderen Reihenfolge anwendest, können sie nicht funktionieren. Außerdem musst du daran denken, dass du eine bestimmte Willenskraft aufbringst, um den Trancezustand zu erreichen, in dem die Plateauphase

VERLÄNGERTE MASTURBATION – MIT GLEITMITTEL

einsetzt. Wenn du erst einmal die ersten Impulse zur Ejakulation überwunden hast, wird diese Willenskraft allmählich unwichtiger.

Du stellst dich für diese Übung aufrecht hin und ölst Schwanz und Hoden erst ein, nachdem du den Anfang einer Erektion erreicht hast. Anfangs geht es hier vor allem darum, mindestens drei-, viermal den Punkt direkt vor der Ejakulation zu erreichen – und ihn zu überwinden.

Jedes Mal, wenn du diesen Punkt und damit den Wunsch abzuspritzen überwunden hast, wird es länger dauern, bis du wieder unterbrechen musst. Seltsamerweise wird jedes Mal aber auch die Pause länger, die du machen musst, bevor du weitermachen kannst.

Hier musst du zweimal »stark« sein: Einmal, wenn es darum geht, den richtigen Zeitpunkt zu wählen, an dem du abbrichst, bevor die Ejakulation einsetzt – also nicht zu früh und nicht zu spät –; und ein weiteres Mal, wenn es darum geht, wirklich erst dann weiterzumasturbieren, wenn dein Schwanz sich beruhigt hat, und in keinem Fall früher.

Deshalb musst du jede übergroße Eile vermeiden, bei der du leicht die Kontrolle verlieren könntest. Behalte immer den geistigen Abstand im Auge und analysiere alle Empfindungen ganz genau.

Zum Masturbieren führst du einfach die klassischste Handbewegung aus. Dabei muss der Rhythmus langsam bleiben, und trotz des Gleitmittels musst du ziemlich fest zudrücken, damit bei jeder Bewegung die Vorhaut mitgezogen wird.

Denk daran, dass du verschiedene Hilfsmittel zur Verfügung hast, wenn dein Willen einmal nicht deutlich genug funktioniert: die Entspannung der Muskeln, das Abquetschen auf der Höhe des Eichelrandes, den starken Druck auf die Region der Hoden und vor allem – in der aufrechten Position das wirkungsvollste Hilfsmittel – die Veränderung der Beinposition und das Ruhen auf Stand- und Spielbein.

VERLÄNGERTE MASTURBATION – MIT GLEITMITTEL

4. Übung

JETZT IST DER MOMENT gekommen, mit anderen Stimulationen deine Lust noch zu steigern.

Die folgenden Bewegungen werden dir intensive Befriedigung über einen längeren Zeitraum verschaffen, ohne dass du deswegen befürchten musst, unkontrolliert abzuspritzen.

Die Reihenfolge dieser Bewegungen und ihre genaue Anwendung werden dir eine zeitlich unbegrenzte Plateauphase verschaffen.

Wieder ölst du dich gut ein und massierst dabei Schwanz und Hoden ausschließlich mit der rechten Hand, wobei du nur Aufwärtsbewegungen ausführst. Fürchte dich nicht davor, viele Male schön kräftig zu ziehen. Anschließend machst du dasselbe mit der anderen Hand.

Diese erste Phase soll recht lange dauern. Auch wenn die Erektion hier dauernd hart bleibt, ist eine Ejakulation völlig ausgeschlossen.

Jetzt kannst du nach und nach einige Abwärtsbewegungen hinzufügen, durch die die Vorhaut von der Eichel gezogen wird.

Folgende Stimulation führst du nun besser mit der Linken durch:

Mit der Mitte deines Daumens und dem Zeigefinger, die du ganz natürlich links und rechts deines Schwanzes anordnest, führst du jetzt auf der ganzen Höhe des Schafts, Eichel ausgenommen, eine Massage mit kreisförmigen Bewegungen durch. Achte darauf, dass

VERLÄNGERTE MASTURBATION – MIT GLEITMITTEL

du diese Massage sehr langsam ausführst, währenddessen du bei der Abwärtsbewegung sehr viel stärker drückst als beim Aufwärts. Wenn du diese Massage richtig durchführst, brauchst du auch hier keine Angst vor einer unerwarteten Ejakulation haben.

Diese Massage setzt du ziemlich lange fort, bis du schließlich an der Schwanzbasis eine bestimmte Betäubung spürst.

Jetzt führst du mit den selben Fingern dieselbe Kreisbewegung durch, diesmal aber gegen den Uhrzeigersinn. Diesmal drückst du stärker, wenn du rechts aufsteigst, und schwächer, wenn du auf der linken Seite des Schafts nach unten gleitest.

Nach einer Weile kannst du mit den beiden gegenläufigen Bewegungen abwechseln.

Anschließend greifst du, ungefähr ebenso lange, wieder die erste Form der Massage zurück.

Nun ölst du dich erneut ein und führst die schon erklärte Masturbationsbewegung durch, wobei du deine Hände abwechselnd benutzt und dreimal von unten nach oben streichst, bevor du einmal von oben nach unten massierst und die Eichel frei legst.

Nach und nach muss diese Stimulation immer intensiver sein, bis sie schließlich fast »brutal« wirkt. Dein Erregungszustand hält nun dauernd an. Solltest du Lust verspüren zu ejakulieren, wirst du einfach langsamer oder drückst weniger fest zu.

Inzwischen kannst du dich auf ganz klassische Weise masturbieren, indem einfach deine ganze Hand über den eingeölten, längst völlig erigierten Schwanz gleitet. Auch hier wirst du feststellen, dass du dauernd extrem erregt bist, ohne im Geringsten ejakulieren zu wollen. Die Eichel, die schon jetzt extrem sensibilisiert ist, kann nun noch einen weiteren Reiz ertragen: die Bewegung aus der letzten Übung, bei der die umgedrehte Rechte ein leicht verschobenes Hin und Her ausführt.

Durch diese Bewegung wird allerdings der Punkt näher kommen, an dem du eine Ejakulation fast als unvermeidbar empfindest. Du wirst nicht sehr lange so weitermachen können.

Du kannst deine Lust wieder etwas zügeln, indem du einfach die

VERLÄNGERTE MASTURBATION – MIT GLEITMITTEL

letzten hier erklärten Handgriffe nacheinander wiederholst. Das kannst du sogar mehrmals tun, denn die Reihenfolge, in der sie hier erklärt wurden, hält deine Erregung aufrecht, ohne die Lust auf einen Orgasmus zu groß werden zu lassen. Dies kannst du weitertreiben, bis du den Punkt erreichst, an dem es sehr schwer ist, jede weitere Stimulierung abzubrechen und sich ohne Frustration einen Orgasmus zu verweigern.

Es ist hier wirklich nicht übertrieben, wenn ich feststelle, dass du nur dann kommst, wenn du es willst.

Willst du diese Gefühle noch weiter steigern (vor allem kurz bevor du das Spiel bis zum Ende treibst), kannst du noch ein oder zwei Schwanzringe anlegen.

Du kannst dich auch erneut mit viel Öl einreiben, diesmal sogar die Oberschenkel, Bauch- und Brustmuskeln. Und solltest du entscheiden, dass du kommen willst, werden die eingeölten Brustwarzen deine Lust noch unglaublich erhöhen.

Muss ich noch erwähnen, dass dein Orgasmus ganz besonders umwerfend sein wird und du länger als sonst brauchen wirst, ehe du wieder anfangen könntest?

3

Die kontrollierte Ejakulation

DIE KONTROLLIERTE EJAKULATION

MIT DEN ÜBUNGEN dieses dritten Teils wirst du in der Lage sein, dir die völlige Kontrolle über deine Ejakulation anzueignen. Dafür musst du zuerst aber alle Techniken der verzögernden Masturbation beherrschen, die in den letzten Kapiteln erklärt wurden.

Die folgenden Übungen haben eine ganz bestimmte Reihenfolge, die immer stärkere, intensivere Stimulationen aufbaut. Schon durch diese Steigerung können sie als Test für die Einstufung deines Widerstands in größter Erregung dienen. Der wichtigste Punkt ist wohl aber, dass es hier nicht mehr um die Bewegung geht, die durchgeführt wird, um den Penis zu erregen, sondern um die Region des Schwanzes gehen soll, die stimuliert wird.

Es ist immer einfacher, Stimulationen zu widerstehen, die an der Schwanzbasis durchgeführt werden. Auch Stimulationen am Schaft sind noch recht lange erträglich. Schwieriger wird dies mit jenen, die die Eichel betreffen, oder den ganzen Schwanz.

In den folgenden Übungen werden aber nicht nur diese verschiedenen Regionen erforscht, sondern auch deine Reaktionen, die Qualität deiner Wahrnehmungen. Die Intensität deiner Lust wird deutlich davon abhängen, ob du vollkommen entspannt bist oder nicht, oder ob du dich vollkommen auf die Stimulation konzentrierst, die Konzentration vielleicht sogar noch mit Hilfsmitteln wie einem Spiegel visuell verstärkst. Durch solche Verstärkungen wird es natürlich schwieriger, die Übung längere Zeit durchzuhalten.

Die Intensität der visuellen Erregung ist selbstverständlich ganz davon abhängig, was du während des Wichsens betrachtest. Wenn du dir die Eichel von oben anschaust, wird dies deine Erregung deutlich steigern; ein Blick auf die Unterseite, zum Bändchen, lässt sich über viel längere Zeit ertragen, ohne dass du die Kontrolle verlierst.

DIE KONTROLLIERTE EJAKULATION

Ähnliches gilt auch dafür, welche Hand zu benutzt: Vorausgesetzt, dass sie von Anfang an benutzt wird, ist bei einem Rechtshänder die Linke, die üblicherweise ungeschickter ist, viel leichter
in der Lage, einen Erregungszustand zu schaffen. Bestimmte Bewegungen, die du mit dieser Hand ausführst, können sogar ein besonders intensives Gefühl hervorrufen.

DIE KONTROLLIERTE EJAKULATION

1. Übung

DIES IST SICHER die einfachste Übung: obwohl hier ein Maximum an Erregung bei einem Minimum an Reizung ausgeübt wird, ist diese Übung sogar für Männer geeignet, die immer sehr schnell abspritzen.

Du legst dich auf den Rücken. Dein Penis ist noch nicht eingeölt. Natürlich musst du darauf achten, so entspannt wie möglich zu sein. Bei deiner Masturbation kümmerst du dich ausschließlich um die untere Hälfte deines Schwanzes, von der Wurzel bis zur Schwanzmitte. Also ist es angebracht, von Anfang an nur diese Partie zu stimulieren.

Schon im ersten Kapitel, in dem es um Erektionsschwierigkeiten ging, findest du einige Stimulationen, die sich mit dieser Region beschäftigen. Wenn dir keine von ihnen gefällt, nimmst du einfach jene, von der du annimmst, dass sie am besten wirkt. Dabei solltest du in jedem Fall darauf verzichten, der Eichel zu nahe zu kommen, oder diese Berührungen wenigstens so stark wie möglich einzuschränken.

Die günstigste Methode ist wohl diese: Mit dem Ring aus Zeigefinger und Daumen masturbierst du, nachdem du die Vorhaut von der Eichel gezogen hast, einen ganz kurzen Abschnitt des Schafts. Zuerst ist die Bewegung ganz langsam und sanft, dann wirst du immer schneller und drückst kräftiger zu. Niemals sollten die Bewegungen über die Schwanzmitte hinausgehen. Wenn du deinen Schwanz bisher angesehen hast, schließt du nun die Augen,

DIE KONTROLLIERTE EJAKULATION

sobald du den Anfang einer Erektion spürst. Konzentriere alle deine Gedanken auf die Gefühle, die entstehen, während dein Schwanz sich aufrichtet.

Wichse weiter, ohne eine Pause zu machen. Du kannst auch die Hand wechseln. Mit der anderen kannst du die Hoden massieren und andere Stimulationen ausüben, etwa an den Brustwarzen, oder einer anderen Körperregion, die dir besonders gefällt.

Wenn die Erektion erst voll da ist, schließt du die ganze Hand um den Schwanz. Die Bewegung muss dabei immer noch sehr kurz gehalten sein. Vergiss nicht: Die Stimulation richtet sich nur an die untere Hälfte des Schafts. Doch selbst bei dieser scheinbar eingeschränkten Bewegung gibt es Variationsmöglichkeiten: Du kannst stärker zudrücken, wenn du nach oben gleitest oder wenn du nach unten fährst. Du kannst schneller oder langsamer werden, fester zugreifen oder die Hand weiter öffnen. Du wirst das Gefühl haben, jetzt nicht ejakulieren zu können, selbst wenn du es wolltest. In deiner schon ziemlich starken Erregung würdest du dir noch größere Reize wünschen. Gib diesem Wunsch nicht nach, widerstehe dem Verlangen jetzt bis zum Ende durchzuwichsen. Es wird nicht lange dauern, dann wird es dir nicht mehr schwer fallen, hier stark zu bleiben. Wenn du nämlich auf diese Weise weitermachst und dein Schwanz erst ganz voll Blut ist, wirst du auch auf diese Weise fortfahren wollen. Jetzt ist der Zeitpunkt gekommen, das »voyeuristische Element« hinzuzufügen, indem du einen Spiegel aufstellst. Wenn du bisher alle Anleitungen wirklich befolgt hast, wird auch diese zusätzliche Quelle der Erregung deinen Zustand nicht deutlich verändern. Die kritische Phase hast du überwunden, fast ohne es zu merken.

Anfangs platzierst du dich genau gegenüber vom Spiegel. Achte darauf, dass du nicht schummelst: Sieh dir deinen Schwanz nicht direkt, sondern nur über den Umweg des Spiegels an.

Zur Luststeigerung trägt die »Ansicht« deines liegenden Körpers und des stehenden Schwanzes bei, der obendrein auch noch größer wirkt, weil du nur einen Teil des Schafts bearbeitest. Du wirst fest-

DIE KONTROLLIERTE EJAKULATION

stellen, dass sich deine Lust zwar erhöht hat, du aber weiterhin die Sache völlig unter Kontrolle hast.

Jetzt tauchen auch die ersten Lusttröpfchen auf.

Solltest du jetzt plötzlich auf die Idee kommen, abspritzen zu wollen, gibt es ein ganz einfaches Gegenmittel: schließ einfach die Augen, während du weiterwichst.

Du kannst außerdem – egal, wie weit deine Erregung fortgeschritten ist – zu dem Hilfsmittel des »abgeschalteten« Gehirns greifen, das im vorigen Kapitel erklärt wurde.

Wenn du an diesem gefährlichen Punkt angekommen bist, darfst du in keinem Fall den üblichen Handbewegungen nachgeben: Zwei, drei normale Masturbationsbewegungen, und du würdest die Kontrolle ganz verlieren. In diesem Fall wäre es falsch, zu behaupten, dass du wirklich kommen wolltest. Hier wird jetzt eine zusätzliche Schwierigkeit ins Spiel gebracht: Platziere dich parallel zum Spiegel. In dieser Position kannst du kaum schummeln – außer, du machst es absichtlich. Schwieriger wird die Übung nun, weil es auf andere Weise erregender ist, sich so von der Seite zu sehen. Diese neue Position bildet eine Art Übergang zwischen der vorherigen und der folgenden.

Du siehst jetzt deinen Schwanz, der über die Hand hinausragt, von der Seite. Hier tritt ein, was vorhin gesagt wurde: Den Eichelrand zu sehen, erzeugt eine intensivere Empfindung. Schon deshalb fixierst du meist die Eichel, und nicht den Rest des Schwanzes oder gar die Hand.

Wieder kannst du alle bisherigen Varianten und Handgriffe anwenden. Dabei wird deine Lust dich aber nicht mehr so schnell überwältigen wie vorhin. Sie wird von allein immer größer. Du hast gar kein Verlangen danach, sie mit anderen Griffen noch zu steigern. Du wirst jetzt spüren, dass du so stolz auf das bisher Erreichte bist, dass du gar kein Verlangen mehr hast, noch abzuspritzen. Für jene, die trotz all der Vorsichtsmaßnahmen und Fortschritte immer noch nicht ganz »beherrscht« sind, mögen einfach an jene zusätzlichen Hilfsmittel denken, die es ihnen ermöglichen, den

DIE KONTROLLIERTE EJAKULATION

Orgasmus noch weiter hinauszuzögern: die geschlossenen Augen und die völlige Entspannung der Muskulatur.

Nach einer Weile, in der deine Erregung nicht mehr weiter anwächst, kannst du den Spiegel vernachlässigen und dir direkt bei der Masturbation zuschauen. Die Härte deines Schwanzes und der Umfang deiner Eichel werden besonders erregend auf dich wirken.

Dieses letzte Stadium hättest du ohne die Vorbereitungen gar nicht erreichen können. Die Gewalt, die du über deine Masturbation hast, wird dich immer geiler machen.

In den letzten Minuten war deine Masturbation fast automatisch gelaufen; jetzt kannst du deinen Willen wieder einschalten.

Am einfachsten ist es nun, mit der Hand weiter ausholende Bewegungen zu machen. Dies kann ganz unvermittelt oder nach und nach geschehen. Die besten Ergebnisse erzielst du aber, wenn du einfach so weitermachst wie bisher, wobei du jetzt aber deinen Kopf mitarbeiten lässt und Fantasien, Wunschbilder, vorangegangene Orgasmen ins Spiel bringst. Sag dir, dass du jetzt kommen möchtest.

Diese geistige Haltung kannst du durch das Spiel deiner Muskeln und ein Aneinanderpressen der Oberschenkel noch unterstützen. Jetzt heißt es: Volle Fahrt voraus, möge kommen, was wolle!

Deine Ejakulation widerfährt dir jetzt nicht mehr – du bist es, der über sie entscheidet.

DIE KONTROLLIERTE EJAKULATION

2. Übung

DIESE ÜBUNG ermöglicht dir, noch eine Stufe weiterzugehen, und du wirst sehen, deine Lust wird noch größer. Auch hier ist es möglich, die Masturbation völlig zu beherrschen und den genauen Zeitpunkt der Ejakulation zu bestimmen – wenn du alle Angaben befolgst.

In der Anwendung ist diese Übung ganz anders als die vorige, in der drei Stufen der Lust aufeinander folgten, ohne dass es dabei nötig gewesen wäre, zu einer Stufe, die du hinter dir gelassen hast, noch einmal zurückzukehren. Hier finden zwei, vielleicht sogar drei Wiederholungen statt. Nur auf diese Weise wird es dir hier gelingen, die Lust über einen beinahe unbegrenzten Zeitraum aufrechtzuerhalten.

Deine Körperhaltung entspricht der bei der vorausgegangenen Übung.

Nachdem du dich anfangs leicht stimuliert hast, kannst du ganz normal onanieren, wobei du unbedingt die Augen schließt. Probiere die verschiedensten Variationen aus und lass langsame und schnelle Bewegungen aufeinander folgen – allerdings nicht zu lange.

Bei der schnellen Masturbation musst du bei den Bewegungen weit ausholen und den ganzen Schwanz berühren; die langsame Masturbation beschränkst du auf *einen* Teil des Schafts. Auch wenn du die Hand wechselst, kann das sehr angenehme Wirkungen haben. In dieser Phase solltest du die Erregung aber mit einer einzigen Hand aufbauen.

DIE KONTROLLIERTE EJAKULATION

Wenn du spürst, dass deine Lust sich deutlich gesteigert hat, führst du keine schnellen Bewegungen mehr aus, sondern beschränkst dich auf die langsamen, die du immer noch weiter einschränkst, bis sie kaum mehr spürbar sind. Auch den Druck verringerst du fast völlig.

Das müsste schon genügen, um das Lustgefühl wieder etwas zu drosseln, vor allem, wenn du gleichzeitig die Entspannung deiner Pomuskeln kontrollierst.

Nach und nach konzentrierst du dich jetzt beim Wichsen ganz auf die obere Hälfte deines Schwanzes, ohne dabei anfangs die Geschwindigkeit zu verändern. Nur den Druck erhöhst du deutlich. Jetzt beschränkst du das Hin und Her noch weiter und berührst nur noch die Eichel, über der die Vorhaut hin- und hergeschoben wird. Jetzt wird deine Hand schneller und drückt noch stärker.

Wenn du jetzt (bei deutlich größerem Lustgewinn) erneut die Phase kurz vor der Ejakulation erreichst, musst du alles abbrechen und verlagerst deine Hand sofort an die Basis des Schafts, wo sie einige Minuten lang ganz langsam und leicht weitermasturbiert. Gleichzeitig musst du deine Gedanken abschweifen lassen.

Bis eben hattest du die Augen geschlossen. Jetzt solltest du über den Umweg des Spiegels deine Hand ansehen. Sie hält deinen Schwanz. Achte dabei immer darauf, dass deine Muskulatur vollkommen entspannt bleibt. Du kannst jetzt deinen Schwanz mit Bewegungen masturbieren, die nach und nach kräftiger, schneller werden und weiter ausholen, wobei du vor allem auf der Höhe der Eichel besonders stark zudrückst, so dass sie fast von Daumen und Zeigefinger gequetscht wird. Warte allerdings nicht, bis die Erregung so groß geworden ist, dass du sie nicht mehr beherrschen kannst! Wenn du spürst, dass es gefährlich wird, schließt du den Ring aus Daumen und Zeigefinger für einige Sekunden ganz fest und bewegst dich nicht mehr. Atme ganz tief ein und aus, so langsam es geht und konzentriere deine Gedanken vollkommen darauf, nur die Atmung zu kontrollieren. Jetzt schließt du auch die Augen wieder.

DIE KONTROLLIERTE EJAKULATION

Diese Ablenkungsmanöver sorgen dafür, dass deine Erregung etwas nachlässt.

Du wiederholst jetzt alle Stadien dieser Übung von Anfang an und hältst dich dabei strikt an die Reihenfolge. Diesmal solltest du in der Lage sein, jede der drei Phasen deutlich länger ertragen zu können, ohne dass du gleich Lust auf eine Ejakulation hast. Indem du dich ganz auf eine Kontrolle all deiner Empfindungen konzentrierst, solltest du sogar auf alle, selbst die kürzesten Pausen verzichten können.

Wenn du in der dritten Phase bist und deinen Schwanz im Spiegel ansiehst, darfst du einen kurzen Augenblick lang »schummeln«. Sieh dir deine Eichel direkt an. Es wird dir gleich deutlich, um wie viel dieser Anblick erregender ist, als das Bild im Spiegel. Sieh bloß zu, dass du gleich wieder den Spiegel fixierst, verfolge dort einfach das weit ausholende Hin und Her deiner Hand, bis du eine deutliche Steigerung der Lust spürst.

Jetzt schließt du die Augen wieder und fängst noch einmal von vorne an, diesmal ohne zu sehr auf deine Atmung zu achten. Wenn du dich dafür entschließt, auch am Ende dieser Wiederholung nicht kommen zu wollen, musst du jenen Trancezustand erreichen, in dem deine Empfindungen befreit von jeder »emotionalen Vorstellung« in dein Gehirn gelangen. Du hast einfach mehr Lust, diesen Zustand weiter auszukosten als zu kommen.

Du kannst die erste Phase noch dadurch verlängern, dass du dir bei geschlossenen Augen vorstellst, was du tust. Wenn du dich stark genug auf diese bildliche Vorstellung konzentrierst, wird deine Lust noch deutlich gesteigert. Wenn du jetzt das Stadium der Masturbation auf der Höhe der Eichel erreichst, erlebst du eine Art permanenten Orgasmus – was beim ersten Mal nicht möglich gewesen wäre.

Doch auch jetzt bleibst du konzentriert genug, die letzte Phase zu erreichen, in der du in den Spiegel siehst – und dort die Bestätigung dessen siehst, was du dir eben noch vorgestellt hast. Erst jetzt, wirklich an der Grenze dessen, was du ertragen kannst, entscheidest du, zu kommen.

DIE KONTROLLIERTE EJAKULATION

3. Übung

WIR KOMMEN JETZT zur höchsten Steigerung im Widerstand gegen eine verfrühte Ejakulation – und dies unter besonders erschwerten Umständen: im Liegen und bei trockenem Penis.

Alle drei Phasen werden hier durch die visuelle Erregung bereichert, wodurch das Lustgefühl noch schwerer zu ertragen ist.

Wenn du diese Übung zweimal am selben Tag ausprobierst wird sie natürlich beim zweiten Mal viel länger dauern. Du solltest deine Position vor dem Spiegel ganz davon abhängig machen, wie erregt du anfangs bist – und wie ausgeprägt deine »Widerstandskraft« ist.

Wenn du »standhaft« bist und du die letzten Übungen problemlos gemeistert hast, solltest du dich der Länge nach vor den Spiegel legen. Ist dies nicht der Fall, solltest du ihm gegenüber hinsetzen, weil du in dieser Position die Erregung durch dein eigenes Bild besser erträgst. Je länger du diesen Reizen jetzt widerstehen kannst, desto länger wirst du natürlich auch die Masturbation durch eine fremde Hand genießen können.

Sobald deine Erektion da ist, solltest du damit beginnen, deine Eichel für längere Zeit zu stimulieren. Schwierig ist dieses Stadium vor allem, wenn du deine Erektion durch eine traditionelle Masturbation erreicht hast: Achte darauf, dass du die klassische Handbewegung nicht zu lange ausführst!

Du fängst deine Masturbation mit dem schon bekannten Ring aus Daumen und Zeigefinger an. Die Bewegung soll langsam und ganz fest sein.

DIE KONTROLLIERTE EJAKULATION

Mit Hilfe des eng gehaltenen Ringes würgst du deinen Schwanz und ziehst ihn in die Länge. Sobald die Eichel erregter ist, kannst du bei jeder Aufwärtsbewegung ganz oder teilweise die Vorhaut darübergleiten lassen.

Achte darauf, dass du deine visuelle Erregung nur aus dem Blick in den Spiegel beziehst. Nur dann kann dieser Reiz länger ertragen werden. Erst wenn du es mindestens dreimal geschafft hast, die Ejakulation abzuwenden, obwohl die Lust jedes Mal noch intensiver wurde, kannst du die Augen vom Spiegel abwenden.

Jetzt kannst du dir direkt zusehen, indem du einige Minuten lang die Bewegungen von eben weiterführst. Nach und nach ersetzt du den Ring durch die ganze Hand. Außerdem wird deine Bewegung jetzt nach und nach schneller, sie holt weiter aus.

Um deine Lust noch länger in erträglichen Grenzen zu halten, solltest du jetzt folgende Veränderungen vornehmen: Anfangs erstreckt sich deine Auf- und Abwärtsbewegung auf den ganzen Schwanz; sie ist langsam, regelmäßig, der Druck nicht sehr stark. Allmählich gehst du zu einer kürzeren Bewegung über, die schneller und fester ist und sich vor allem auf die Schwanzwurzel reduziert, so dass deine Hand gegen deine Hoden schlägt. Diese Bewegung alternierst du jetzt mit der ersten, die du langsamer werden lässt, dabei drückst du jedes Mal bei der Aufwärtsbewegung fester zu als bei der Gegenrichtung.

Nachdem du dann wieder auf normale Weise, langsam und gleichmäßig weitergemacht hast, kehrst du das Ganze um: Hinunter masturbierst du mit kurzen, festen und langsamen Stößen, hinauf mit schnelleren, nicht so festen. Obwohl du deinen Erregungszustand beibehältst, spürst du das Verlangen zu ejakulieren nicht so schnell, wie bei den letzten Malen. Du wirst sogar einen gegenteiligen Effekt spüren: Je deutlicher der Unterschied zwischen dem normalen Hin und Her und den verschieden starken Bewegungen ist, desto diffuser wird dieses Verlangen.

Diese zweite Phase kannst du eine ganze Weile aushalten. Während der ganzen Zeit solltest du vor allem deine Hand betrachten und

DIE KONTROLLIERTE EJAKULATION

genau jenen Teil des Schwanzes, über den sie streicht. Nur auf diese Weise wirst du deine Lust kontrollieren können.

Jetzt setzt die letzte Phase dieser Übung ein, während der du dich für die Ejakulation entscheidest.

Während du dich normal weiterwichst, kannst du jetzt hin und wieder auch mal deine Eichel ansehen. Anfangs solltest du allerdings nur einen flüchtigen Blick darauf werfen, und gleich wieder längere Zeit den Schaft des Schwanzes fixieren. Gleichzeitig stimuliert deine Hand die direkte Umgebung deiner Eichel. Im Klartext: Wenn deine Hand sich der Eichel nähert, musst du den Schaft fixieren; entfernt sich die Hand, kannst du die Eichel anschauen.

Du kannst den Blick dann nach und nach auch länger auf der Eichel ruhen lassen – wobei gleichzeitig der Zeitraum kürzer wird, in dem deine Hand die Umgebung der Eichel masturbiert.

Mit der Zeit setzt eine Art Gewöhnung an diesen Anblick ein, obwohl es sich hier doch um die sensibelste Stelle handelt, jene, die für Reize am empfänglichsten ist.

Willst du deine Ejakulation noch weiter hinauszögern und sie noch verstärken, masturbierst du jetzt ausschließlich die Eichel, wobei du gleichzeitig mit den Augen die jetzt sichtbare untere Hälfte deines Schwanzes fixierst.

Wenn du kommen willst, erhöhst du sofort Geschwindigkeit und Druck und konzentrierst deinen Blick auf die Eichel.

DIE KONTROLLIERTE EJAKULATION

4. Übung

DIE ÜBUNGEN, die im Stehen durchgeführt werden, sehen kaum anders aus, haben allerdings die Besonderheit, dass du im Stehen viel leichter die Kontrolle über deine Ejakulation verlierst. Wenn du allerdings die folgenden Tipps befolgst und die Stimulationen nach dem angegebenen Schema ausführst, wirst du in der Lage sein, dich völlig zu beherrschen. Dies wird allerdings nur dann möglich sein, wenn du kurz vor dem Schritt zu weit, deinen ganzen Willen einschaltest.

Wir erreichen hier eine weitere Phase auf dem Weg zur »transzendenten Masturbation«. Deine Ejakulation wird sich ganz deinem Willen beugen.

Nachdem du deinen Schwanz zum Stehen gebracht hast, masturbierst du dich diesmal nicht auf die klassische Art und Weise weiter. Mit dieser gewohnten Geste wird es dir nie wirklich gelingen, alle Phasen zu durchlaufen. Verlass dich also lieber nicht auf dein »sicheres Gefühl«.

Du stellst dich aufrecht hin, die Beine ganz entspannt (überhaupt solltest du immer an die Entspanntheit der Muskeln denken), schließt du die Augen und masturbierst nur die Spitze deines Schwanzes. Dabei wendest du aber keine der verschiedenen Varianten aus der ersten Übung dieses Kapitels an.

Du lässt einfach deine Schwanzspitze durch den Ring aus Daumen und Zeigefinger gleiten. Die anderen Finger spreizt du ab. Diese einfache Bewegung kannst du allerdings variieren, indem du

DIE KONTROLLIERTE EJAKULATION

anfangs stärker drückst, dann weniger zudrückst und dafür schneller wirst.

Wenn deine Erektion wirklich hart ist, kannst du die eigentliche Masturbation vorbereiten. Mit sehr kurzen Stößen ziehst du den Ring ganz nach unten. Diese Bewegung wiederholst du mehrmals, wobei der Rhythmus immer recht hart sein sollte. Jedes Mal, wenn du die Schwanzwurzel erreicht hast, legst du den Ring wieder oben an der Eichel an, ohne den Schwanz in der Bewegung nach oben zu berühren.

Du führst also nur eine Hälfte der üblichen Wichsbewegung aus. Willst du die aufsteigende Erregung zügeln, drehst du die Richtung um, führst dabei die Bewegung von unten nach oben aber nur bis zur Hälfte des Schwanzes durch. Diese Aufwärtsbewegung muss deutlich langsamer sein. Gleichzeitig musst du darauf achten, dass du den Ring stark zusammenziehst und den Schwanz fast schon quetschst.

Diese beiden Bewegungen kannst du abwechseln: Die eine steigert die Lust, die andere reduziert sie.

Solange du deine Augen geschlossen sind, wirst du trotz deiner wahnsinnigen Erregung nicht ejakulieren. Erst wenn du dir ganz sicher bist und die Bewegungen schon deutlich schneller geworden sind, kannst du die Augen öffnen und dich im Spiegel ansehen.

Zuerst von vorn, dann im Profil, wobei du die Bewegung weiterführst. Wenn du deine Position wechselst, wirst du feststellen, dass es dich mehr erregt, dich von der Seite zu sehen.

Wenn du spürst, dass du bald abspritzen wirst, du aber lieber noch weitermachen würdest, führst du einfach deine Bewegung von eben weiter, diesmal aber ganz langsam, gleichmäßig und ohne zu drücken. Dann wirst du feststellen, dass der Druck gleich nachlässt und du weitermachen kannst.

Erst nachdem du mindestens dreimal den Punkt, der zur Ejakulation führt, überwunden hast, kannst du dir sicher sein, die Gefahr hinter dich gebracht zu haben.

Jetzt liegt es ganz an dir, ob du willst oder nicht, und du wirst

DIE KONTROLLIERTE EJAKULATION

spüren, dass es inzwischen sehr viel einfacher ist, die Kontrolle zu behalten. Wenn du diese größere Sicherheit wirklich spürst, kannst du dich jetzt auch direkt, ohne den Umweg über den Spiegel, ansehen. Allerdings wirst du dann schon nach einigen Sekunden eine deutlich größere Erregung spüren.

Erst jetzt solltest du die Bewegung des Ringes mit einer Masturbation durch die ganze Hand abwechseln. Solange du dich dabei auf die untere Hälfte deines Schwanzes beschränkst, wirst du deine Ejakulation problemlos zurückhalten können. *Du* entscheidest schließlich, wie du weitermachen willst ...

DIE KONTROLLIERTE EJAKULATION

5. Übung

DIESE ÜBUNG ist die letzte Übung zur trockenen Masturbation und der völligen Kontrolle der Ejakulation. Sie ist auch die schwierigste. Wenn es dir auch hier gelingt, deinen Erregungszustand längere Zeit zu beherrschen, hast du wirkliche Fortschritte erzielt.

Sobald du eine Erektion hast, beginnst du eine kurze Masturbation der Eichel, zuerst vor dem Spiegel stehend, die Beine leicht gespreizt, damit die Muskulatur relativ entspannt bleibt. Der Ring aus Daumen und Zeigefinger drückt nicht sehr stark, dafür ist die Bewegung umso schneller.

Um zu verhindern, dass dich eine wirkliche Erregung nicht übermannt, stellst du dich so hin, dass du dich und deinen Schwanz in seiner ganzen Länge im Profil siehst. Das heißt, wenn der Spiegel sich links von dir befindet, benützt du deine Rechte zur Masturbation.

Die Hin- und Herbewegung des Ringes wird jetzt ruckartiger, der Druck größer: Sofort bedrängt dich das Gefühl, gleich abspritzen zu wollen. Unterbrich auf der Stelle alles, indem du die Tipps aus den letzten Übungen befolgst. Da du breitbeinig dastehst, genügt es schon, dein Gewicht auf Stand- und Spielbein zu verlagern, wobei das linke dein Standbein sein sollte, dessen Muskeln du jetzt ganz anspannst. Dein rechtes Bein soll dagegen völlig entspannt bleiben. Augenblicklich wird das Aufsteigen des Spermas gebremst. Jetzt lässt du deinen Schwanz für zwei, drei Sekunden los.

DIE KONTROLLIERTE EJAKULATION

Nun fängst du erneut an, diesmal aber mit der Linken. Dabei fixierst du mit den Augen deine Eichel. Wenn du wieder die nahende Ejakulation spürst, gehst du wie eben vor. Diesmal ist aber das rechte Bein dein Standbein.

Wenn du jetzt weitermachst, masturbierst du langsamer und mit weniger Druck: Wieder wirst du bald abspritzen wollen, und wieder überwindest du das Verlangen wie eben erklärt – mit dem Unterschied, dass du diesmal die Hin- und Herbewegung nicht unterbrichst und dauernd deine Eichel fixierst. Lass deine Gedanken einige Momente lang abschweifen, bis du dich etwas beruhigt hast. Jetzt kannst du dich richtig masturbieren und dabei Hand und Schwanz betrachten. Wenn du alle Angaben befolgt hast, erreichst du jetzt eine Phase der Ruhe, in der es praktisch unmöglich ist, dass du in absehbarer Zeit wieder den Drang zur Ejakulation verspürst. Und das, obwohl deine Erektion ganz fest ist und du dich permanent wichst.

Du kannst deine Masturbation zu einem Ende bringen, indem du einfach die Handbewegungen ausführst, die am Anfang diese Übung standen – mit dem großen Unterschied, dass du jetzt deinen Blick auf die Eichel richtest. Wenn deine Handbewegung bisher den ganzen Schaft des Schwanzes berührt hat, sollte das Hin und Her jetzt auf einen kleinen Radius am unteren Teil des Schafts beschränkt werden, wobei du stärker zudrückst, wenn du nach oben fährst.

Sobald du dich jetzt nach vorne beugst, den Hintern herausstreckst und deinen Schwanz so deutlich wie möglich in die Horizontale hinunterdrückst, vervielfacht sich deine Lust. Jetzt erreichst du schon fast die Grenze dessen, was du noch aushalten kannst. Willst du die Erregung wieder etwas drosseln, brauchst du nur deine Haltung leicht verändern, dich wieder etwas weiter aufrichten, und gleich wird die Spannung erträglicher sein.

Dann kannst du so weitermachen wie vorher. Diesmal ist der Druck deiner Hand anfangs aber weniger stark, wird dann massiver, wobei du die regelmäßigen Hin- und Herbewegungen immer

DIE KONTROLLIERTE EJAKULATION

wieder mit einer Abwärtsbewegung deiner Hand über den ganzen Schaft unterbrichst. Dazu wirst du die Haltung deines Handgelenks leicht verändern müssen, das sich nun nicht mehr in der geradlinigen Verlängerung deines Arms befindet. Gleich spürst du wieder deutlichere Erregung. Wenn du jetzt kommen willst, brauchst du deine Masturbationsbewegung nur auf ein, zwei Zentimeter rings um deine Eichel konzentrieren, dich leicht vorbeugen und deinen Schwanz in die Horizontale drücken.

DIE KONTROLLIERTE EJAKULATION

6. Übung

DU WIRST GLEICH FESTSTELLEN, dass die folgenden beiden Übungen den vorhergegangen ziemlich ähnlich sind. Der große Unterschied liegt hier in der Verwendung eines Gleitmittels. Schon dadurch sind einige zusätzliche Erklärungen nötig.

Auch diesmal kannst du für dich entscheiden, ob du das Öl lieber im schlaffen Zustand aufträgst, oder aber erst, nachdem dein Schwanz steif geworden ist. Willst du allerdings anfangs vor allem deine Eichel erregen, dann solltest du das Öl erst nach dem Einsetzen der Erektion auftragen. Auch hier ist der erste Abschnitt der Übung wieder der einfachste. Du wirst sehen, dass du hier sogar noch länger durchhalten kannst.

Du legst dich auf den Rücken, mit dem Gesicht zum Spiegel, wobei du wieder völlig entspannt sein solltest. Du masturbierst nur die Schwanzwurzel, wieder mit dem Ring aus Zeigefinger und Daumen. An dieser Stelle, und mit dem Film aus Öl, wird du diesen Reiz anfangs als ziemlich schwach empfinden. Deshalb kannst du diese Übung auch ruhig mit der Rechten ausführen. Beim Auf und Ab bewegt sich nur der Ring, nicht die Haut deines Schwanzes. In der Aufwärtsbewegung erzeugst du mit dem Handgelenk ganz kurze Stöße nach unten. Insgesamt darfst du mit dem Auf und Ab die Schwanzmitte nicht überschreiten. Stöße, als auch die Masturbation an sich sollten ganz langsam und gleichmäßig ausgeführt werden. Während dein Schwanz jetzt immer steifer wird, ziehst du den Rings fester zusammen, manchmal sogar sehr fest. Du legst deinen

DIE KONTROLLIERTE EJAKULATION

linken Daumen in die kleine Vertiefung, die zwischen deinem Schwanz und dem Schamhaar liegt und drückst so fest du kannst. Dies hat zwei Auswirkungen: Der Druck wird erhöht, und andererseits wird die Haut des Schwanzes nach unten gezogen und kann den Bewegungen deiner sich darüberschiebenden Finger nicht mehr folgen.

Mach die Augen auf und schau dir deinen Schwanz im Spiegel an: Deine Erregung wird jetzt zwar stärker, du hast sie aber immer noch ganz unter Kontrolle.

Der Ring wird durch einen weiteren Finger ergänzt und dann durch noch einen. Schließlich ist die ganze Hand um deinen Schwanz geschlossen. Je nach der Größe deines Schwanzes ist ihr Aktionsradius mehr oder weniger eingeschränkt; doch selbst wenn du nur ganz kurze Bewegungen kannst, darfst du in deiner Bewegung nie in die Nähe der Eichel geraten.

Jetzt hast du fast wieder Lust zu kommen. Diesmal kannst du diese Lust ganz leicht abwürgen, denn sie steigt ganz allmählich auf. Du brichst einfach alle Bewegungen ab, quetschst deinen Schwanz fest zusammen, schließt einfach die Augen oder denkst an etwas anderes.

Wenn du jetzt weitermachst, kannst du diese Veränderung einbringen: Lege die drei mittleren Finger an die Oberseite, Daumen und kleinen Finger an die Unterseite des Schwanzes. Der linke Daumen bleibt an seinem Platz, verstärkt noch durch den linken Zeigefinger, der auf die Unterseite der Schwanzwurzel drückt.

Jetzt kannst du dir zusehen, kannst gleichzeitig die Geschwindigkeit erhöhen, wobei der Druck der masturbierenden Hand jedoch ganz leicht bleiben sollte. Obwohl du sehr erregt bist, wirst du diesen Zustand sehr lange ertragen können. Dann spürst du es wieder kommen. Wenn du noch nicht ejakulieren willst, drückst du einfach die Finger der linken Hand sehr fest zusammen, ohne die Bewegungen der Rechten zu unterbrechen. Die Erregung wird nachlassen.

Nun stimuliere dich wieder mit dem Ring aus Daumen und Zeigefinger und anschließend mit der ganzen Hand. Du kannst die

DIE KONTROLLIERTE EJAKULATION

Hand wechseln, Geschwindigkeit und Druck variieren – und wirst
in jedem Fall erst dann kommen, wenn du es willst.

DIE KONTROLLIERTE EJAKULATION

7. Übung

DAS IN DIESER ÜBUNG vermittelte Wissen kann besonders interessant sein, wenn du nach dem Sex noch einmal kommen möchtest, obwohl erst ein oder zwei Stunden vergangen sind.

War die Befriedigung bei der ersten Ejakulation sehr groß, wird dein Schwanz jetzt »gesättigt« und ziemlich »erschöpft« sein. Meist bringt in diesem Zustand das Hin und Her der klassischen Selbstbefriedigung überhaupt kein Ergebnis. Mit der Hand stehen dir allerdings so viele Möglichkeiten offen, dass es dir sehr wohl gelingen sollte, deinen Schwanz auf Vordermann zu bringen.

Wie ich schon mehrmals erklärt habe, wirkt in diesem Zustand eine »vibrierende Bewegung« viel schneller, als das übliche Auf und Ab. Wenn du dazu noch Gleitcreme oder Öl verwendest, ist der Erfolg garantiert. Allerdings ist es günstiger, den Schwanz erst dann einzuölen, wenn er schon leicht erregt ist.

Zuerst ziehst du die Vorhaut zurück und greifst deinen Schwanz mit allen fünf Fingern, so als hieltest du einen Bleistift. Die Haut ziehst du so weit es geht nach unten und fängst nun mit sehr schnellen Vibrationen an, die durch sehr kurze, schnelle Drehbewegungen deines Handgelenks entstehen sollen. Auch hier muss das Handgelenk abgeknickt sein, denn sonst wirst du keine wirkliche Vibration erreichen können.

Je schneller und ausdauernder diese Vibrationen sind, desto schneller wirst du eine Veränderung spüren. Meist genügen schon einige zehn Sekunden, um eine Erektion beginnen zu lassen.

DIE KONTROLLIERTE EJAKULATION

Dies ist der Moment, in dem du deinen Schwanz ganz einölen kannst. Dann kannst du mit den Vibrationen weitermachen. Diesmal legst du rechten Daumen und Zeigefinger aber ganz unten an der Wurzel an und verstärkst die Erregung noch durch regelmäßiges Drücken nach unten.

Wenn deine Erektion wirklich steht, beginnst du zum gewohnten Hin und Her über die ganze Schaftlänge. Hierbei hältst du die Haut mit der Linken an der Wurzel zurück. Solange die Eichel noch nicht völlig erregt und voller Blut ist, solltest du sie nicht berühren. Ansonsten kannst du alle anderen Varianten, die du jetzt kennst, anwenden, die Oberschenkel zusammenpressen, den Hintern anspannen, dann wieder alle Muskeln entspannen, Druck und Geschwindigkeit erhöhen oder verringern – ganz so, wie es dir gefällt. Deine Erregung wird konstant bleiben, auch wenn ihre Intensität sich durch deine verschiedenen Varianten steigern oder drosseln lässt. Gleichzeitig wird deine Erektion beständig sein, obwohl du keinerlei Lust verspürst, jetzt schon zu kommen.

Erst jetzt darfst du die Eichel in deine Bewegung einbeziehen. Wechsele kurze, präzise Hin- und Herbewegungen, die sich auf die Eichel beschränken ab mit ausholenden Bewegungen, die den ganzen Schaft umschließen. Bei beiden kannst du den Druck immer wieder verändern.

Wenn du bisher die Augen geschlossen hattest, kannst du sie jetzt öffnen, denn selbst wenn du dir jetzt zusiehst, dürfte es dir möglich sein, diese Situation fast unbegrenzt auszudehnen. Auch hier wirst du feststellen, dass du erst dann kommst, wenn es dein Wille ist.

DIE KONTROLLIERTE EJAKULATION

8. Übung

DIESE LETZTE ÜBUNG im Liegen erlaubt dir, eine zeitlich fast unbeschränkte Erektion zu erleben und dich so lange zu masturbieren, wie du es nie für möglich gehalten hättest.

Wenn du dich an die Reihenfolge der Stimulationen hältst, wirst du trotz der stetig wachsenden Erregung die perfekte Kontrolle über deinen Zustand und deine Ejakulation behalten, ohne auch nur einmal deine Masturbation unterbrechen zu müssen. Wenn du die vorhergegangenen Übungen wirklich durchprobiert und befolgt hast, müsstest du jetzt die völlige Beherrschung deiner Lust erreichen können.

Zwei Grundvoraussetzungen müssen dazu eingehalten werden: Erstens muss die Masturbation von Anfang an mit derselben Hand ausgeführt werden, und zwar unbedingt mit der linken (bei Rechtshändern). Dies gilt auch, wenn die Masturbation von deinem Partner durchgeführt wird. Und zweitens muss die Erregung vom Anfang bis zum Auftauchen der Lusttröpfchen ohne Unregelmäßigkeiten, ohne Pausen und ohne jegliche Veränderung durchgeführt werden.

Nachdem du (egal in welchem Zustand, schlaff oder erregt) Schwanz und Sack völlig eingeölt hast, beginnst du die klassische Wichsbewegung, die du ziemlich schnell bei recht schwachem Druck durchführst. Dabei berühren aber nur Daumen, Zeige- und Mittelfinger deinen Schwanz.

Die Stimulierung beschränkt sich anfangs auf die Mitte des Schwanzes und geht dann bald auf die Eichel über. Die Vorhaut

150

DIE KONTROLLIERTE EJAKULATION

wird bei dieser Bewegung mitgezogen, bedeckt dabei aber meist nur den Eichelrand. Deine Rechte bleibt im Moment noch passiv. Wenn deine Erektion da ist, wird die Haut von selbst straffer, wobei du mit deiner Hand schwächer drückst, so dass die Haut jetzt nicht mehr mitbewegt wird.

Hier, wie bei den Übungen zur trockenen Masturbation, baut sich die zusätzliche optische Erregung allmählich auf: Erst nimmst du den Umweg über den Spiegel; dann siehst du nur den unteren Teil des Schafts an, und konzentrierst dich erst dann auf die Eichel. Dabei wirst du bemerken, dass es mit eingeöltem Schwanz leichter ist, die Erregung beim Blick in den Spiegel im Griff zu haben.

Wenn du das erste Mal spürst, dass es dir gleich kommen wird, brauchst du nur deinen Willen ins Spiel bringen und das Hin und Her etwas langsamer werden lassen. Wenn die Gefahr vorbei ist, kannst du den Druck wieder erhöhen, ohne dabei schneller zu werden – bis du zum zweiten Mal merkst, dass du kommen könntest.

Jetzt kannst du folgenden Trick anwenden: Du drehst augenblicklich deine Hand so, dass Daumen und Zeigefinger der Länge nach auf deinem Schwanz ruhen. Dein Hin und Her kannst du mit ziemlich starkem Druck ausüben – die Ejakulation wird dir gleich vergehen. Sobald du deine Hand dann wieder wie eben anlegst, wird die Erregung sich wieder steigern und du kannst weitermachen und alle möglichen Variationen ausprobieren.

Folgende drei Techniken kannst du problemlos nacheinander ausführen. Solltest du allerdings sehr erregt sein, solltest du zwischen den einzelnen Techniken kleine Pausen einlegen.

Du ölst deinen Schwanz erneut kräftig ein und fängst eine Masturbation mit Hilfe des Ringes aus Daumen und Zeigefinger an, die sich ganz auf die Schwanzwurzel beschränkt. Bis zum Überwinden des dritten Alarmsignals muss diese Masturbation von der Linken ausgeführt werden. Danach wirst du sie auch dann kontrollieren können, wenn du die Rechte nimmst.

Sobald deine Erektion halb da ist, löst du den Ring zunächst durch drei Finger und später dann durch die ganze Hand ab. Diese

DIE KONTROLLIERTE EJAKULATION

führt jetzt eine kräftige Bewegung von unten nach oben aus, die nur von der Schwanzwurzel bis zur Schwanzmitte reicht. Durch das Öl wird das Wichsen in nur eine Richtung leichter gemacht. Jedes Mal, wenn du die Schwanzmitte erreichst, drückst du noch stärker und ziehst somit nach oben.

Bei der ersten Vorwarnung einer sich nähernden Ejakulation masturbierst du einfach weiter, indem du den Ring völlig auf die Schwanzwurzel beschränkst und sehr stark drückst. Dann kannst du normal weitermachen. Beim zweiten Mal machst du es ebenso, brauchst diesmal aber nicht mehr so stark zu drücken. Beim dritten Mal ersetzt der jetzt wieder sehr enge Ring gleich die Hand und führt eine aufsteigende Bewegung von der Basis bis zur Mitte aus. Die Massage, die ja erst nur von Unten nach Oben durchgeführt wurde, verwandelt sich allmählich in das klassische Auf und Ab, ohne dass du dabei den Druck veränderst. Du lässt den Druck sogar allmählich schwächer werden, bis die Härte deiner Erektion ein bisschen nachlässt, ohne dass dabei dein Schwanz aber kleiner würde. Jetzt kannst du die Hand wechseln und fast endlos weitermachen.

DIE KONTROLLIERTE EJAKULATION

9. Übung

IN DER VORIGEN ÜBUNG ging es um die Schwanzwurzel. Der vordere Teil des Schwanzes wurde hierbei gar nicht stimuliert. Ein, zwei Bewegungen über der Eichel – und schon hättest du ejakuliert.

Bevor wir uns um die Eichel kümmern, wollen wir uns jetzt erst einmal auf die gesamte Länge des Schafts konzentrieren – Eichel ausgenommen. Auch, wenn die Eichel voller Blut ist, muss sie erst noch allmählich daran gewöhnt werden, über längere Zeit Reizungen der sensibelsten Stellen auszuhalten.

Es wird dir bei eingeöltem Penis leichter fallen, dich ganz allmählich an die wachsende Erregung zu gewöhnen. Bei der Verwendung von Gleitmitteln kannst du über viel längere Zeit einen größeren Druck ausüben und wirst dadurch eine größere Erregung spüren.

Du masturbierst dich jetzt mit der rechten Hand, indem du wie in der letzten Übung vorgehst.

Durch diesen Druck »gegen den Strich« wird zwar die Erregung größer, ohne dass dabei aber die Lust wächst, sofort zu kommen.

Deine Bewegung beschränkt sich jetzt allerdings nicht mehr auf die untere Schwanzmitte, sondern endet erst direkt unterhalb der Eichel, dort, wo die Vorhaut sie berührt.

Du lässt die feste, gleichmäßige Hin- und Herbewegung mit leichteren Bewegungen alternieren, kannst auch die Geschwindigkeit und den Radius der Bewegung verändern.

Auch hier musst du dreimal den kritischen Punkt überwinden.

DIE KONTROLLIERTE EJAKULATION

Erst dann kannst du dir sicher sein, eine fast unbegrenzte Plateauphase zu erreichen.

Wenn du die Bewegung immer gleichmäßig ausführst und keine andere Bewegung dazwischen schiebst, wird es wohl unnötig sein, irgendwann abrupt alles abzubrechen. Deine Gedanken können das, was du fühlst, so klarsichtig analysieren und so völlig dominieren, dass du alle möglichen Varianten ausprobieren kannst, ohne dich in die Gefahr zu bringen, vorzeitig abzuspritzen.

Jetzt kannst du den Druck bei den Auf- und Abwärtsbewegungen so verändern, dass er erst in der Aufwärstbewegung stärker und in der Abwärtsbewegung dann schwächer ist, und umgedreht.

Dank des Gleitmittels wirst du den Zustand dieser Erregung viel länger aushalten. Nach und nach kannst du jetzt die Eichel in die Stimulation einbeziehen, wobei du sie erst noch halb von der Vorhaut bedeckt lässt, und sie dann ganz freilegst.

DIE KONTROLLIERTE EJAKULATION

10. Übung

DER DRITTE UND LETZTE TEIL dieser letzten Übung vermittelt dir nun den Höhepunkt dessen, was du mit dieser Art der Selbstbefriedigung erreichen kannst.

Mit den Erfahrungen aus den vorigen Kapiteln und der Übung durch das Überwinden immer schwierigerer Phasen, sollten inzwischen auch die Männer, die zu früh abspritzen, ihre Probleme überwunden haben.

Nur damit du eine Vorstellung bekommst: Diese Masturbation kannst du durchaus eine Stunde und mehr durchhalten – und das kann wohl kaum ein Mann, der sich auf klassische Weise selbst befriedigt, von sich behaupten. Dies ist auch im Vergleich zu den ersten Übungen dieses Buches eine deutliche Steigerung – vor allem, wenn man bedenkt, dass die Stimulation jetzt den ganzen Penis umfasst und nichts ausgelassen wird.

Wie in den letzten beiden Übungen, beginnst du auch hier mit einer Masturbation »gegen den Strich«, indem du nur Aufwärtsbewegungen durchführst. Erst nach und nach lässt du auch Abwärtsbewegungen folgen, so dass du allmählich zum klassischen Auf und Ab der Selbstbefriedigung kommst. Diesmal reizt du von Anfang an die Eichel mit. Sie wird immer stärker durchblutet. Noch spürst du keine aufsteigende Ejakulation.

Jetzt gehst du folgendermaßen vor:

Damit du eine stabile Haltung hast, legst du deinen linken Unterarm fest auf deine Hüfte. Dann lässt du die linke Hand so schnell

VERLÄNGERTE MASTURBATION – OHNE GLEITMITTEL

wie möglich rings um die Eichel und ihre direkte Umgebung gleiten. Der Druck sollte hierbei ganz schwach sein, die Bewegung ganz
gleichmäßig. Mindestens fünf Minuten bleibt der Druck ganz
schwach, ehe du ihn allmählich erhöhst, dann wirklich kräftig zudrückst.

Da die Eichel eingeölt ist, kann die Vorhaut sie nicht mehr bedecken. Deine Erregung wird immer größer, ohne gleich zu einer
Ejakulation zu führen. Wenn du jetzt deinen Unterarm von der
Hüfte nimmst, wirst aufgrund dieser veränderten, sehr viel weniger
gleichmäßige Bewegung merken, dass es dir kommt.

Nichts ist mittlerweile einfacher, als diesem Gefühl zu begegnen:
Du brauchst nur rings um die Basis einen festen Druck auszuüben,
und dann, schon nach zehn, fünfzehn Sekunden zu einer normalen
Masturbation zurückzukehren, die – ohne, dass du dich mit dem Unterarm aufstützt – den ganzen Schwanz umfasst.

Nach einer Weile (du entscheidest, wie lange du weitermachen
willst) führst du die Reizung der Eichel fort.

Jetzt erreichst du das Stadium, in dem du dich auf ganz klassische Weise masturbieren kannst, und zwar damit, dass du den
Druck deutlich stärker werden lässt, wenn deine Hand in Richtung
Unterleib gleitet. Jetzt brauchst du auch die Eichel nicht mehr aus-
zulassen, wobei die Vorhaut aber völlig zurückgezogen bleibt. Du
hast ein perfektes Gleichgewicht zwischen Erregung und dem
Wunsch zu kommen.

Deine Erektion ist standhaft und deine Kontrolle ist vollkommen. Jetzt ist alles möglich: Du kannst die Hand wechseln, die Geschwindigkeit verändern, den Druck – nichts kann dich jetzt zur
Ejakulation bringen, es sei denn, dein Wille.

In dieser Phase ist es ganz einfach, den Vergleich zwischen dieser
gleichmäßigen Hin- und Herbewegung und einer Penetration an-
zustellen…

Jetzt dürfte es dir fast schwierig vorkommen, irgendwann auch
noch abzuspritzen. Wenn du aber kommen willst, brauchst du nur
die Hoden leicht massieren und dich vor allem auf jene Stelle

VERLÄNGERTE MASTURBATION – OHNE GLEITMITTEL

konzentrieren, an der der Hodensack in die Leistengegend übergeht. Oder aber, du konzentrierst dich ganz auf das, was du tust,
siehst dir dabei zu und entscheidest es wirklich! Und dann sollte dir
ein Abspritzen gewiss sein, wie du es womöglich noch nie bei der
Selbstbefriedigung erlebt hast.

DIESER TITEL IST AUCH ALS HÖRBUCH ERHÄLTLICH:

Mark Emme:
SELBST IST DER MANN
Audiokassette
Hörbuch, 90 min
ISBN: 3-86187-479-2
€ 6,95 (D, A) / SFr 12,50